EDUARDO VOLPATO

DECIDA
VENCER

CARO LEITOR,

Queremos saber sua opinião sobre nossos livros.
Após a leitura, curta-nos no **facebook.com/editoragentebr**,
siga-nos no **Twitter @EditoraGente**,
no **Instagram @editoragente**
e visite-nos no site **www.editoragente.com.br**.
Cadastre-se e contribua com sugestões, críticas ou elogios.
Boa leitura!

EDUARDO VOLPATO

DECIDA
VENCER

**ENRIQUEÇA COM A MELHOR FÓRMULA
DE SUCESSO DE TODOS OS TEMPOS**

Diretora
Rosely Boschini

Gerente Editorial
Carolina Rocha

Editora Assistente
Franciane Batagin Ribeiro

Controle de Produção
Fábio Esteves

Edição de Conteúdo
Joyce Moysés

Preparação
Fernanda Guerriero Antunes

Projeto gráfico, diagramação e Capa
Vanessa Lima

Imagens (capa e p. 120)
Freepik

Revisão
Mariane Genaro

Impressão
Gráfica Eskenazi

Copyright © 2020 by Eduardo Volpato.
Todos os direitos desta edição
são reservados à Editora Gente.
Rua Original, 141/143 – Sumarezinho
São Paulo, SP– CEP 05435-050
Telefone: (11) 3670-2500
Site: http://www.editoragente.com.br
E-mail: gente@editoragente.com.br

Dados Internacionais de Catálogo na Publicação (CIP)
Angélica Ilacqua CRB-8/7057

Volpato, Eduardo
   Decida vencer: enriqueça com a melhor fórmula de sucesso de todos os tempos / Eduardo Volpato. – São Paulo: Editora Gente, 2020.
   208 p.

ISBN 978-85-452-0389-6

1. Sucesso 2. Sucesso nos negócios 3. Finanças pessoais 4. Técnicas de autoajuda
I. Título

20-1500

CDD 158.1

Índice para catálogo sistemático:
1. Sucesso

DEDICATÓRIA

Dedico esta obra primeiramente a Deus, por ser essencial em minha vida, autor de meu destino, meu guia, minha inspiração, presente em todos os momentos me iluminando e fazendo com que eu consiga impactar e transformar vidas. Dedico também à minha esposa Christiani, amor da minha vida, e aos meus maiores presentes de Deus, nossos filhos Juliana e Eduardo.

AGRADECIMENTOS

Agradeço a Deus que me acompanhou me iluminando e me inspirando durante toda a escrita dessa obra.

À minha esposa, Christiani, minha eterna companheira, sem ela não seria possível escrever este livro. À minha mãe, Heloisa, ao meu pai, Luiz Antonio, à minha irmã, Cristina, à minha sogra, Dilma, e ao meu sogro, Dionisio (*in memoriam*), pois sem o amor, apoio e dedicação deles eu jamais chegaria aonde cheguei.

Aos meus avós (*in memoriam*), Julio e Geni, Ovidio e Ivone.

Aos meus queridos cunhados, Adenauer, Carla, Marcos e Rosa Paula.

À Rosely Boschini, que meu mostrou o caminho para escrever este livro e ao meu time de edição: Joyce Moyses e Franciane Batagin Ribeiro. Aos meus queridos colegas da Mentoria Best-seller da Editora Gente.

Ao Roberto Shinyashiki que me inspirou muito como escritor.

A todos os colaboradores e clientes do Grupo Volpato, em especial ao Michael Hoppe e Cristiano Almeida.

Aos alunos e colaboradores da Vencer Capacitação.

Ao meu mentor, Paulo Vieira, com quem muito aprendi sobre o verdadeiro amor, desenvolvimento humano e alta performance.

Ao dr. Jorge Gerdau, que me inspira como empresário e a tudo que ele nos ensina sobre gestão, competitividade, qualidade e eficiência.

A todos os irmãos da minha Igreja IBN – Porto Alegre, em especial aos nossos apóstolos Alexandre Paz, Mônica Paz e nossos líderes, Rodrigo Braz e Michelle Braz.

A todos os amigos da Febracis de Porto Alegre, em especial ao Magnos Penna e à Sabrina Morales.

Muito obrigado!

SUMÁRIO

PREFÁCIO..14

APRESENTAÇÃO...18

INTRODUÇÃO

Sua vitória começa pela sua decisão................................21

CAPÍTULO 1

Sem fazer o necessário, como prosperar?.....................27

Pegou o que apareceu..29

Não conseguiu trabalhar com o que estudou..............30

Tem o salário 100% comprometido...............................32

Está com as saúdes física e mental abaladas..............33

Não resiste ao consumismo..34

CAPÍTULO 2

É possível quebrar o ciclo da insatisfação.....................37

O desenvolvimento começa nas dificuldades

e termina na mudança pessoal.................................38

Escolha escalar o Everest correto..................................40

CAPÍTULO 3

Crenças limitantes e outros sabotadores 43

Primeira crença: de não merecimento 46

Segunda crença: de incapacidade 47

Terceira crença: de não saber vender nem se vender 49

Quarta crença: barreira financeira 50

Primeira autossabotagem: não gostar de estudar 54

Segunda autossabotagem: ter medo de falhar 55

Terceira autossabotagem: anular seus sonhos em prol da família 56

Quarta autossabotagem: ilusão de sucesso rápido 56

Quinta autossabotagem: inércia até quando? 57

Não deixe que seus sabotadores detenham você! 58

CAPÍTULO 4

Saia da mesmice e movimente-se 61

Faça as perguntas necessárias 62

CAPÍTULO 5

O beijo na realidade: é preciso cair na real! 69

Quebre o automatismo e amplie sua consciência 70

Como você leva sua vida? 74

Pense com exatidão e foque o que importa 77

CAPÍTULO 6

Quando acreditar em si, o mundo também o fará 83

Se alguém pode, você também pode 84

Valorize as pequenas conquistas e confie que terá mais 88

Corte a mentira; não se sabote 89

Jamais fale mal de si mesmo 91

Alivie o excesso de cobranças 92

CAPÍTULO 7

Uma nova conexão espiritual: é preciso enxergar além 97

A importância das preces e orações 98

Direcione sua comunicação para o que deseja 101

Alivie mágoas perdoando quem as causa 102

Tire partido de profecias autorrealizáveis 104

Crie os próprios mantras de prosperidade 108

CAPÍTULO 8

Sonhos, realização e a importância de termos metas claras 111

A consciência do Estado Atual (EA) e do Estado Desejado (ED) 112

Mapeando seu EA 114

Mapeando seu ED 114

Como transformar seu ED em metas atingíveis 116

CAPÍTULO 9

Tenha parceiros para a vida toda 125

Forme e fortaleça alianças 126

Obtenha apoio de pessoas prósperas 127

Cumpra prazos, mas, se não puder, seja sincero

com quem está do outro lado 129

Honre para ser honrado 129

Faça do amor seu maior escudo 131

Crie círculos de confiança em casa 134

CAPÍTULO 10

Assuma as suas responsabilidades 137

Concentre-se no que está sob seu comando 138

Quando você faz a diferença? 140

Explore o gatilho mental da reciprocidade 141

Seja o maior vendedor de si mesmo 143

Faça uma entrega extraordinária (e não ordinária) 146

CAPÍTULO 11

Não espere as condições perfeitas.

É preciso navegar o tempo todo 149

Vá buscar o seu dinheiro lá fora 151

Mantenha a sua energia lá em cima 153

Na dúvida, aja! 153

Caminhe para obter novas ideias 156

Defina um plano e inicie; depois, melhore 157

CAPÍTULO 12

Crie e vá atrás! É você quem faz as oportunidades 165

Tenha clareza do caminho que quer traçar 168

Perceba que o "não" não mata 169

Aprimore seus pontos fortes 172

Destaque-se da multidão 172

A multidão continua pobre, enquanto você enriquece! 173

Perca o medo do desconhecido 174

CAPÍTULO 13

Agora é a hora do basta! 177

Estabeleça seu ponto de não retorno 178

Vá preparado para a guerra 180

Use o tempo a seu favor 188

Empreender é um modo constante de pensar 188

CAPÍTULO 14

Empreendendo seu sonho e

alcançando sucesso com a lógica da réplica 191

Avalie o potencial de escalar a sua solução 192

Faça uma reserva para bancar sua mudança 195

Pergunte tudo que você precisa saber 196

CONCLUSÃO

Considere-se vitorioso! 201

ANOTAÇÕES 206

PREFÁCIO

POR
ROBERTO SHINYASHIKI

Viver em um mundo caótico é uma tarefa difícil. É difícil lidar com as nossas limitações emocionais, com a nossa bagagem e com tudo o que passamos ao longo de nossa vida e que moldou a nossa personalidade. Viver neste mundo é um desafio por enxergarmos em todos os cantos pessoas com ideias parecidas com as nossas e que estão em patamares completamente diferentes do que estamos hoje. Bate um desespero. Bate uma angústia. O sucesso está ali, logo ali, na porta de entrada da casa de alguém que tomou decisões diferentes das suas e que o levaram a lugares inimagináveis.

Entretanto, é preciso entender que a decisão de mudança começa em nós mesmos, nas atitudes diárias que tomamos para ter uma vida mais plena e feliz. Precisamos escolher ser melhores todos os dias, escolher estar um passo à frente e fazer a diferença no meio em que vivemos.

Em seu livro de estreia, Eduardo Volpato, fundador do Grupo Volpato e da Vencer Capacitação, traz um passo a passo simples, mas poderoso, para que olhemos para a nossa vida pessoal e consigamos traçar o melhor caminho rumo ao sucesso e à felicidade perene. Sua paixão é a gestão e o desenvolvimento de pessoas, que faz por meio da aplicação de uma metodologia baseada nos aprendizados que teve enquanto empresário de sucesso. Dessa maneira, ele facilita o caminho para você, leitor, que segura este livro.

Entretanto, antes de seguir em frente, gostaria de fazer um exercício aqui e agora: olhe para a sua vida. Como está o seu trabalho e a sua carreira? Você tem tido resultados positivos em seu emprego ou em seu negócio? E os seus relacionamentos, como estão? Você é comprometido com a sua família e com a felicidade daqueles que estão ao seu redor? Seus filhos estão satisfeitos com você? Você acredita que atingiu o mais alto patamar de prosperidade em sua vida financeira?

Pois é. Muito provavelmente a resposta para cada uma dessas perguntas será negativa. Contudo, posso afirmar a você: nem tudo está perdido.

Volpato nos mostra que não existe uma vida pautada no sucesso sem que haja comprometimento com as decisões que tomamos diariamente. **Decidir vencer** é um caminho de pedras, uma trajetória na qual você encontrará percalços, pensará em desistir; mas, se persistir, encontrará do outro lado do processo uma vida próspera em todos os aspectos.

Em nosso trabalho, devemos ter um olhar crítico para o desenvolvimento do negócio. Seja no intraempreendedorismo, seja empreendendo em um negócio próprio diferente e disruptivo, a leitura diferenciada com ideias inovadoras é o que fará com que você se destaque. E, é claro, é preciso trabalho duro, arregaçar as mangas e colocar a mão na massa.

Em sua vida pessoal, ou seja, nos relacionamentos ou na vida familiar, o cuidado diário com as relações é indispensável. Não existe relacionamento duradouro sem o alicerce do cuidado, da empatia, do compartilhamento diário de afeto, atenção e respeito.

Com isso, devo afirmar que os principais preceitos nessa jornada serão: compromisso pessoal, cuidado, força, determinação e fé! Muita fé para encarar essa trajetória dolorida, porém com uma estrada de tijolos amarelos que o levarão ao próximo patamar.

Assim, minha sugestão a você é: vire esta página e entenda que é possível, sim, encontrar as revoluções interna e externa que o levarão a níveis inéditos. Seja você a mudança que está esperando do lado de fora. Faça a diferença. Invista em si mesmo. E, é claro, viva uma vida com mais plenitude.

Neste livro, você verá que precisamos focar o que está dentro, para, então, focar o que está fora. Uma revolução interna levará você, consequentemente, a uma revolução externa, passando por cada um dos estágios necessários para chegar aonde você deve chegar.

Entenda o que é o ciclo de insatisfação, como lidar com suas crenças limitantes e elementos autossabotadores, como acreditar em si mesmo e criar conexões espirituais indestrutíveis, como definir e desenvolver metas claras e ter parceiros para a vida toda e, por fim, você estará a apenas um passo de atingir o que mais deseja: **a vitória**.

Vamos conosco!

APRESENTAÇÃO

Eduardo Volpato, com sua obra, nos traz um enorme estímulo pois procura estabelecer, com uma análise profunda e técnica, a importância de se organizar no trabalho. É indiscutível que o sucesso passa pela disciplina de trabalho e, por isso, é tão importante se organizar nesse sentido. É preciso cuidar para que cada nova tarefa seja em direção a algo maior e aqui estamos falando indiretamente do core business de um objetivo, seja ele pessoal ou empresarial. A meta macro está ali, mas existe uma série de pequenas outras tarefas e estágios pelos quais você precisará passar para alcançar algo maior, grandioso. Outro ponto imprescindível é o amor e a paixão pelo objetivo que se quer alcançar. Em minha experiência pessoal, observei quase diariamente que, quando temos objetivos movidos pela paixão pela liderança

e pela equipe, os resultados são extraordinários. É a soma de todos esses fatores que fará a maior diferença e é a sensibilidade e o entendimento desta dinâmica que trarão segurança para o resultado futuro.

Por esses motivos e tantos outros, Decida vencer é uma leitura importantíssima para que você adquira consciência e domínio de tudo o que é necessário para chegar ao sucesso.

Dr. Jorge Gerdau, presidente do conselho
de administração do Grupo Gerdau

INTRODUÇÃO

SUA VITÓRIA COMEÇA PELA SUA DECISÃO

Você quer mudar de vida, mas não sabe por onde começar e está cansado de promessas vazias? Procura uma metodologia poderosa para obter resultados concretos? Então, escolheu o livro certo. Também estou cansado de ouvir que motivação e força de vontade bastam, quando sabemos que é preciso mais. Esse *mais* eu vou ensinar aqui, com base em todas as atitudes que tomei para vencer a maratona de obstáculos que é a vida.

A luz de emergência se acendeu! Realmente, os últimos anos não têm sido nada fáceis para nós, brasileiros. Uma conta atrasada aqui, uma irritação com o chefe ali... Ocasionalmente, elas parecem inofensivas. Até que se tornam frequentes e saem do controle.

A insatisfação com o trabalho e o endividamento nunca estiveram tão altos. E, claro, ambos os desequilíbrios refletem negativamente no estado emocional das pessoas e nos relacionamentos.

No entanto, cabe a cada um, em conformidade com o próprio contexto, decidir se vai aceitar este cenário ou se vai reagir. Muitos, quando percebem a gravidade da situação, já entraram no grupo dos 65,1% de brasileiros endividados segundo a Pesquisa de Endividamento e Inadimplência do Consumidor (Peic),[1] fazem parte dos 18,7 milhões[2] de insatisfeitos com sua ocupação atual, de acordo com dados do Instituto Locomotiva.

Eu não podia ficar parado assistindo a essa realidade, sabendo que é possível escapar dessa condição de caos e insucessos que vai minando a saúde emocional. Resolvi escrever este livro para responder a perguntas que eu já me fiz no passado e que talvez você se faça neste exato momento. Por exemplo: "Por que a vida tem de ser tão difícil para mim?"; "Por que eu não consigo ganhar dinheiro como os outros nem me realizar no meu trabalho?"; "Por que me permito ser maltratado por certas pessoas?"; "Por que não acredito na minha capacidade de execução?".

Mesmo tendo enfrentado uma série de infortúnios – uma jornada desafiadora, de luta, pedindo dinheiro emprestado para todo mundo, sem crédito e na lista de devedores do SPC e Serasa –, alcancei uma vida próspera e abundante. Comecei a trabalhar ainda adolescente, carregando uma caixinha de ferramentas pela rua e batendo de porta em porta. Saía de casa com

---

[1] A Peic Nacional é apurada mensalmente pela Confederação Nacional do Comércio de Bens, Serviços e Turismo (CNC) desde janeiro de 2010. Os dados são coletados em todas as capitais dos Estados e no Distrito Federal, com cerca de 18 mil consumidores. Disponível em: http://www.cnc.org.br/editorias/economia/pesquisas/pesquisa-de-endividamento-e-inadimplencia-do-consumidor-peic-4. Acesso em: 11 mar. 2020.

[2] Informação obtida no seguinte artigo: HERÉDIA, Thais. 56% dos trabalhadores formais estão insatisfeitos com o trabalho, revela pesquisa. *G1*, 11 dez. 2017. Disponível em: http://g1.globo.com/economia/blog/thais-heredia/post/56-dos-trabalhadores-formais-estao-insatisfeitos-com-o-trabalho-revela-pesquisa.html. Acesso em: 30 jan. 2020.

dinheiro só para o ônibus de ida, sem saber se teria o valor da volta. Hoje, sou dono de uma empresa sólida na área de segurança patrimonial e sistemas tecnológicos, que emprega centenas de colaboradores.

Talvez você esteja se sentido sem rumo e achando que vale menos, com medo do desconhecido, em um emprego que causa revolta e se sujeitando a um salário baixo. E o pior é que carrega essa frustração para dentro da sua casa, abalando o clima de amor e compreensão que deveria prevalecer por lá.

POIS SAIBA QUE A VITÓRIA COMEÇA PELA SUA DECISÃO DE *LIBERTAR TODO O SEU POTENCIAL DE MUDANÇA.*

Digo com total segurança: está mais do que na hora de você se movimentar, criar as próprias oportunidades, cercar-se de pessoas que tenham o mesmo ideal que o seu e experimentar resultados maravilhosos, empreendendo seus sonhos de uma maneira diferente. E a mudança começa de dentro para fora, despertando para sua missão e acessando sua inteligência infinita pela fé e determinação de alcançar a vida que deseja e merece.

Em outras palavras, ser vitorioso será consequência daquilo que você decidir fazer *com* a sua vida e *pela* vida daqueles que ama. Eu estou aqui para mostrar o caminho que funcionou para mim, funciona para os milhares de participantes dos meus cursos e treinamentos e, não tenho dúvida, funcionará para você também. Ele começa por expandir a sua consciência com duas perguntas:

- Como você tem levado sua vida?
- O que você realmente deseja?

Respondendo a elas, é possível encontrar o seu verdadeiro propósito.

Ao conhecer melhor minha história, você perceberá que inverti a ordem natural de esperar as oportunidades baterem à minha porta. *Eu* bati nas portas para encontrá-las. Dedico um capítulo a mostrar a importância de cavar as próprias oportunidades, de ir atrás do que se deseja!

Há outras vantagens de seguir o caminho que proponho, como: multiplicar resultados (eu, por exemplo, ao contrário de vender apenas uma lâmpada de emergência, passei a vender duas mil delas), saber planejar metas alcançáveis, sair da zona de conforto e ter clareza e foco ao traçar estratégias. Enfim, nestas páginas você irá renovar sua energia rumo a uma mudança real e duradoura.

A PARTIR DE AGORA, NÃO AGUARDE NADA NEM NINGUÉM

Nos próximos capítulos, vou falar muito sobre parar de esperar as condições perfeitas, deixar de viver o sonho dos outros, de se cobrar demais, de temer ouvir "nãos". Também ensinarei como ressignificar as suas crenças, recuperar a fé, vender e ganhar a fidelidade de seus clientes de forma prática e eficaz.

Desenvolver uma atitude empreendedora é essencial nos dias de hoje, seja para prosperar em um negócio seu, seja para brilhar no emprego dos sonhos com excelentes resultados, pois das duas formas você será bem recompensado. Por essa razão, partilho meus conhecimentos a respeito dos degraus de sucesso para empreender, começando pela criação de soluções inovadoras e chegando ao grande segredo para crescer – segredo esse que já levou muita gente a atingir seus maiores sonhos.

Esses e outros aprendizados, que venho ensinando nos últimos anos aos meus alunos, prometo entregar aqui com mais argumentos, exemplos, lições e metáforas. Já adianto que meu método é simples e poderoso, mas exige dedicação para que dê certo.

A SUA PARTE COMEÇA POR DECIDIR MUDAR, SE MOVIMENTAR E SE COMPROMETER COM SEUS OBJETIVOS. A VITÓRIA INICIA DENTRO DE VOCÊ, DEPOIS NA SUA CASA E, POR ÚLTIMO, LÁ FORA. NÃO EXISTE VITÓRIA PÚBLICA SEM QUE PRIMEIRO HAJA A VITÓRIA PRIVADA.

Este livro, portanto, vai integrar vida pessoal, profissional e financeira, porque muito da desarmonia começa pela dificuldade de pagar as contas e é potencializada quando a pessoa ou o casal está sem trabalho, ou, então, sente-se infeliz no emprego, mas permanece nele para não piorar a situação econômica da família.

Aplicando o que vou ensinar ao longo dos próximos capítulos, será possível trocar esse círculo vicioso pelo círculo virtuoso. Eu vou ficar realizado se você chegar à última página com a convicção de buscar sua vitória pessoal, fortalecendo-se dentro de casa, para também conquistar vitórias do lado de fora e incentivar mais gente a trilhar o mesmo caminho.

Prepare-se para virar a chave na sua vida como um todo! Mas atenção: as lições que vou propor deverão ser realizadas à risca para o método funcionar. E, para isso, quero que você se comprometa decidindo agir com determinação, coragem e fé, pois a vitória é uma decisão.

Ótima leitura!

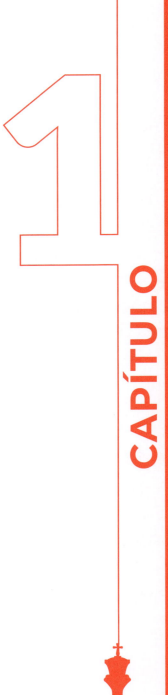

CAPÍTULO 1

SEM FAZER O NECESSÁRIO, COMO PROSPERAR?

Muitas são as pessoas que colocam o celular para despertar e, quando chega a hora de acordar, não têm a mínima vontade de sair da cama, apelando várias vezes para o recurso da soneca. Sentem-se desmotivadas e geralmente vivem um efeito parecido com a síndrome do cobertor curto: como se tivessem de escolher "cubro ou o pescoço ou os pés", seguram todas as contas, abrindo-as em leque enquanto se perguntam: "Quais pagar neste mês e quais ignorar?", sabendo que depois se sentirão engolidas pelos juros.

Esse contingente quer migrar de carreira, progredir, mas acredita que precisa se sujeitar a permanecer no emprego de que não gosta para não diminuir ainda mais sua renda. Apenas sobrevive aos "trancos e barrancos" e, se tem filhos, sofre por não prover as condições de conforto, alimentação e educação de que gostaria. Como o cônjuge também não recebe uma renda compatível com as despesas, essa família acaba brigando, envolvidas pelo estresse decorrente da falta de dinheiro.

Caso você se identifique com esse panorama, saiba que não está só. Como eu disse, se observarmos o cenário atual do Brasil, o nível de endividamento do brasileiro nunca esteve tão elevado. Isso também acontece ao analisarmos o grau de insatisfação das pessoas com o trabalho que realizam. Muitas se sujeitam a um salário tão "mínimo", que não conseguem sequer manter suas contas básicas em dia.

"AH, AS COISAS VÃO MELHORAR..."
QUANTAS VEZES ESCUTAMOS
ESSA PROMESSA? MAS ELA É VAGA,
COMO SE A MUDANÇA OCORRESSE
POR OSMOSE. A IDEIA DE UM FUTURO
MELHOR ILUDE A MAIORIA DE NÓS,
QUE ACABA POR FICAR PRESA EM
UM ETERNO PRESENTE MEDÍOCRE.
SÓ EXISTE UMA MANEIRA
DE AS COISAS MELHORAREM:
FAZENDO DIFERENTE.
NÃO HÁ FUTURO DIFERENTE SEM
ENTENDER QUE TUDO DEVE SER
PLANEJADO PARA ISSO. ELE SOMENTE
SE REALIZARÁ POSITIVAMENTE
A PARTIR DOS SEUS ATOS DE HOJE.

Para se ter uma ideia da importância desse problema, dados da Serasa Experian comprovam que o número de inadimplentes no Brasil alcançou o recorde de 63 milhões[3] em março de 2019, dois milhões a mais que o mesmo período de 2018. Significa que dois em cada cinco adultos estão no vermelho e com o nome negativado.

Tais estatísticas parecem um relatório frio sobre o desempenho do país, quando se é um economista de plantão. Na realidade, esses números refletem o duro cotidiano da população, que sofre dia após dia com as dificuldades de aproveitar a vida de uma forma plena e equilibrada; que tem as saúdes mental, emocional e física comprometidas, e vive a angústia de não enxergar saída.

No entanto, há saída! A todos que estão sofrendo no trabalho, com as finanças no vermelho e em desarmonia com aqueles que amam, quero levar a mensagem de que existe, sim, outra maneira de viver, que é abundante e próspera. A virada começa por decidir buscar essa vitória, pensando e agindo poderosamente.

Para tanto, antes de tudo, é preciso identificar quais são as amarras que estão impedindo-o de sair do lugar. A seguir, elenco algumas mais comuns que percebo no dia a dia com meus alunos.

PEGOU O QUE APARECEU

É bem comum ocorrer o desencontro. Muitos querem progredir, ganhar dinheiro, desenvolver-se, explorar seu potencial, mas não sabem nem por

---

[3] Mais informações sobre a pesquisa podem ser obtidas em: INADIMPLÊNCIA atinge 63 milhões de consumidores em março e bate recorde histórico, revela Serasa Experian. Serasa Experian, 25 abril 2019. Disponível em: https://www.serasaexperian.com.br/sala-de-imprensa/inadimplencia-atinge-63-milhoes-de-consumidores-em-marco-e--bate-recorde-historico-revela-serasa-experian. Acesso em: 30 jan. 2020.

onde começar. Via de regra, estão trabalhando naquilo que não os realiza. No entanto, identificar um caminho diferente é a maior dificuldade.

Um indivíduo nessa situação muito provavelmente pegou o que apareceu, para que pudesse subsistir, manter-se financeiramente mês a mês. Sente que não teve oportunidade de escolha nem conseguiu estudar o bastante para se diferenciar da multidão. Acabou sendo mais um no universo do subemprego ou até sobrevivendo na zona da informalidade.

Por ganhar um salário medíocre, vai arrumando dívidas, especialmente no cartão de crédito. O dinheiro que entrou no mês paga parte dele; depois, é necessário voltar a usá-lo para novas despesas, acumulando juros por não ter quitado a fatura, ou seja, vive em um círculo vicioso. Não demora muito a ter filhos, precisando prover para essa nova família. Daí, fica mais amarrado nesse emprego com zero perspectiva de crescimento.

NÃO CONSEGUIU TRABALHAR COM O QUE ESTUDOU

Mesmo tendo cursado uma faculdade, essa pessoa continua mal aproveitada e trabalhando em algo que não tem nada a ver com seu diploma. Provavelmente, entrou em uma empresa que não gosta porque precisa fazer alguma coisa. E procura se convencer de que será temporariamente ("só até achar coisa melhor"), mas perdura ali como se criasse raiz.

"Até agora, meu diploma não serviu para nada" – essa frase simboliza a situação de milhões de profissionais brasileiros graduados que, por não encontrarem emprego na sua área de formação, foram empurrados para situações precárias no mercado de trabalho. Eles se capacitaram com enorme esforço, pensando que realizaram um sonho e que começariam outro conseguindo uma boa colocação e ganhando melhor do que quando não eram formados. Agora, sentem-se vivendo um pesadelo.

Dados[4] levantados pelo IBGE, a pedido do jornal *Folha de S.Paulo*, revelaram que a fatia da população com ensino superior completo desempregada, desalentada ou trabalhando em condições precárias saltou de 930 mil para quase 2,5 milhões entre o segundo trimestre de 2014 e o de 2019. O instituto considerou tanto aqueles com carteira assinada quanto os que estão em situação informal.

De fato, o acesso à faculdade foi facilitado nos últimos anos, por meio de bolsas, cotas, alternativa EaD (Ensino a Distância) – que, segundo o Ministério da Educação, cresceu 52%[5] em 2018 em relação ao ano anterior –, proliferação de instituições etc. No entanto, o mercado de trabalho não acompanhou esse movimento.

Como a oportunidade de um lugar ao sol não apareceu, aceitaram se refugiar em postos que exigiam menos anos de escolaridade e deles não conseguem sair. Isso ocorreu com pelo menos dois de cada dez novos contratos no mercado formal, indicando um cruel desperdício de capital humano, ainda segundo análise de dados mencionada do jornal *Folha de S.Paulo*.

Sensação de vulnerabilidade, insegurança e decepção por não ter conquistado uma inserção melhor no mercado vão minando a capacidade

---

[4] Dados obtidos em: FOLHA DE S.PAULO. Dobra o número de pessoas com faculdade sem emprego ou em trabalho precário. *Centro de Estudos das Relações de Trabalho e Desigualdades*, 21 nov. 2019. Disponível em: https://ceert.org.br/noticias/mercado-de-trabalho-comercio-servicos/26012/dobra-o-numero-de-pessoas-com-faculdade-sem-emprego-ou-em-trabalho-precario. Acesso em: 2 fev. 2020.

[5] Por que a educação EAD superou a modalidade presencial em número de vagas. *Desafios da Educação*. Grupo A, 19 set. 2019. Disponível em: https://desafiosdaeducacao.grupoa.com.br/vagas-ead-censo-educacao-superior/. Acesso em: 2 fev. 2020.

de reação desses diplomados. Esse "desencontro" entre formação e trabalho de qualidade acentua outras distorções, como a de empurrar os menos escolarizados para a informalidade.

TEM O SALÁRIO 100% COMPROMETIDO

Quando o salário está 100% comprometido com despesas pessoais e da casa, e o indivíduo se vê fazendo "malabarismos" para adiar ao máximo os pagamentos e escapar de novas despesas, torna-se mais difícil realizar mudanças na intenção de obter um futuro melhor.

Pelos cálculos da Serasa, cerca de 40%[6] da população leva a vida com "a corda no pescoço". É muita gente em desarmonia, mas alegando que "poderia ser pior". O medo de abrir mão do salário impede essas pessoas de se capacitarem para agir autonomamente ou para empreender uma ideia de negócio.

A grande massa dos brasileiros muitas vezes nem entende que está passando por isso. Eles têm, sim, vontade de prosperar, de ser felizes, porém não especificam como e por quê. Só existe o "querer", mas estão tão presos àquela realidade que a aceitam. Pensam sempre: *Ah, é assim mesmo, e vou ficar por aqui*. Não abrem a mente para decidir a própria realidade.

Se têm filhos, é comum contaminá-los com sua desesperança, pois estão mostrando a eles que trabalho rima com frustração.

---

[6] As informações foram obtidas em: FERREIRA, Afonso. Nº de brasileiros com nome sujo bate novo recorde, diz Serasa: 63,2 milhões. *UOL*, 6 jun. 2019. Disponível em: https://economia.uol.com.br/noticias/redacao/2019/06/06/dividas-atrasadas--nome-sujo-serasa.htm. Acesso em: 2 fev. 2020.

ESTÁ COM AS SAÚDES FÍSICA E MENTAL ABALADAS

A pessoa carrega a dor de permanecer em um subemprego, ganhando pouco, "mendigando" minutos no modo soneca do celular para, enfim, acordar e ir trabalhar. Os problemas familiares e de relacionamentos não demoram a aparecer. Dali a pouco, ela começa a fazer uso de álcool ou adere a outro vício, como passar horas e horas no celular intercalando entre Instagram, Facebook e WhatsApp, muitas vezes deixando de dormir ou ficando na cama sem dar atenção ao cônjuge... Pior é que, frequentemente, esse cônjuge está na mesma situação.

Acha que está feliz por obter pequenos prazeres momentâneos, entrando em um looping de fuga dos problemas e vivendo uma vida anestesiada.

De segunda a sexta, detesta o que faz; na sexta à noite, começa a ficar "feliz", porque o fim de semana está chegando. Fica bem no sábado, mas volta a sentir desânimo e tristeza no domingo à noite. Algumas pessoas nessa situação têm até sintomas como dor de barriga e taquicardia na circunstância que alguns chamam de síndrome da segunda-feira ou de fim de domingo.

A pesquisa "Trabalho e Sofrimento Psíquico: histórias que contam essa história"[7] confirmou isso. Para 78% dos indivíduos, o trabalho e a falta dele são responsáveis por doenças e sofrimento. De uma lista de quase vinte consequências negativas ao corpo, o estresse lidera, seguido

---

[7] Informações sobre a pesquisa podem ser obtidas em: SANT'ANNA, Emilio. Para 78%, trabalho e a falta dele são responsáveis por doença e sofrimento psíquico. *Folha de S.Paulo*, 12 nov. 2019. Disponível em: https://www1.folha.uol.com.br/cotidiano/2019/11/para-78-trabalho-ou-a-falta-dele-sao-responsaveis-por--doenca-e-sofrimento.shtml. Acesso em: 2 fev. 2020.

de tensão com dor nas costas e ansiedade. No entanto, há ainda depressão, insônia, queda de libido, hipertensão, labirintite, vícios e abuso de remédios de uso controlado, segundo os 754 respondentes ao questionário elaborado pelo sociólogo e professor Ruy Braga em parceria com a consultoria 4CO.

Acrescento que a saúde também é afetada por uma rotina de brigas domésticas. E sabemos o quanto as dívidas são estopins para intolerâncias, cobranças, incompreensões e agressões verbais entre os moradores de um mesmo teto. Deixa de ser um lar harmônico, amoroso e acolhedor, aproximando-se de um ringue de lutas ou um campo minado.

Tudo isso colabora para qualquer ser humano se sentir nocauteado, atingido em seu âmago, deixando-o sem forças para se levantar, reagir.

NÃO RESISTE AO CONSUMISMO

Outro complicador da insatisfação com a vida é descarregar a frustração no consumo desenfreado. Por buscar algum prazer momentâneo, a pessoa compra, por exemplo, aquela TV gigante em prestações a perder de vista ou o celular top para "se dar um presente". Sai feliz da vida da loja, mas a realidade é que se endivida ainda mais.

O prazer que alguém deposita numa compra impulsiva de bens materiais costuma ser efêmero, e só depois de ter passado o cartão ele se pergunta se valeu o investimento ou se apenas aumentou a despesa, se foi imprudência ou realmente precisava daquilo naquele momento.

Na época em que eu batia de porta em porta vendendo meus serviços, não era tão fácil ter cartão de crédito, abrir conta em banco, fazer compras parceladas. Hoje em dia, o incentivo ao consumo, aliado à crise no país, elevou o endividamento.

Se você se identificou com os problemas que acabei de detalhar, ganhou melhor noção de várias amarras das quais pode se desvencilhar. Termino este capítulo tranquilizando-o de que você não é assim, apenas estava sendo assim – e tem agora a chance de não continuar neste mesmo estágio, mudando essa realidade de uma vez por todas.

CAPÍTULO 2

É POSSÍVEL QUEBRAR O CICLO DA INSATISFAÇÃO

Talvez, ao analisar a sua relação com o trabalho e os inevitáveis reflexos nas outras áreas da vida, o que você veja na frente seja um grande ponto de interrogação, contendo várias dúvidas como: "De qual maneira as coisas chegaram a esse ponto?"; "O que eu podia ter feito de diferente?"; e, principalmente, "Por onde começo a mudar?".

Eu já passei por essa montanha-russa de bons e maus momentos durante um tempo da minha vida, e pode ser que você esteja nessa situação também. Sente dificuldade de enxergar um rumo e até indignação com sua situação atual? Sempre procurou trilhar o caminho do bem, mas estar trabalhando em algo desmotivador e mal remunerado acabou desencadeando uma série de complicações dentro e fora de casa, nada fáceis de lidar?

Lá em casa, mesmo com meu pai trabalhando até altas horas e minha mãe controlando as contas domésticas com mão de ferro, nunca se sabia quando haveria dinheiro e quando não. Algumas vezes, o sentimento familiar era de incapacidade e de revolta.

No meu íntimo, questionava por que tinha de ser assim, por que precisava me privar de ser feliz e por que dinheiro era sempre um problema, enquanto para outros a vida parecia abundante e próspera.

QUANTOS DE NÓS JÁ SE PERGUNTARAM O MESMO? NO ENTANTO, QUANTOS DECIDIRAM TRANSFORMAR A PRÓPRIA REALIDADE?

O mais comum é vermos pessoas se tornando inertes, descrentes de si mesmas, criando um círculo vicioso de vitimização e maus comportamentos que se reflete no cenário caótico. Não é incomum se sentir assim, contudo a diferença acontecerá quando você decidir quebrar o seu ciclo, como eu consegui quebrar o meu.

O DESENVOLVIMENTO COMEÇA NAS DIFICULDADES E TERMINA NA MUDANÇA PESSOAL

Desde muito jovem eu me posicionei diante de várias situações importantes, e, perante as dificuldades, consegui me desenvolver e crescer no âmbito pessoal. Trabalhando com meu pai, aprendi muito sobre como me relacionar com clientes e organizar o que precisava ser feito, e entendi a importância de me dedicar ao trabalho para que ele dê certo. Entretanto, alguns anos depois decidi construir o meu caminho, atuando por conta própria e rumo à minha trajetória de sucesso.

Essa foi a minha primeira grande decisão. E, com isso, não estou dizendo que a sua decisão deva ser a mesma que tomei, muito pelo contrário. As grandes decisões envolvem planejamento, estratégia e conhecimento na construção da jornada de sucesso. Mesmo sem ter todo o conhecimento necessário, posso dizer que precisei de coragem e determinação para quebrar o ciclo de insatisfação – nesse momento, posso afirmar que os parceiros serão determinantes para o sucesso (ou não). Ter o apoio da Christiani, minha namorada naquela época, também foi fundamental para chegar aonde cheguei. São mais de vinte anos trabalhando juntos.

Temos uma gestão profissionalizada para cuidar da nossa empresa carro-chefe e, com isso, consigo me dedicar junto com ela à outra empresa, focada em palestras, cursos e treinamentos, com o intuito de mostrar às pessoas que elas também podem alcançar harmonia e prosperidade assim como nós temos hoje em nosso relacionamento familiar, junto com nossos dois filhos.

Para mudar, porém, é preciso olhar para si em primeiro lugar. As mudanças começam dentro de nós e da nossa casa. O que você fala para si e para sua família quando acorda? Seu *networking* começa ali, e não da porta para fora. O que você diz ao se despedir dos seus filhos pela manhã? O que sai da sua boca são palavras de vida ou de morte, isto é, palavras positivas ou negativas?

Convido você a fazer essa reflexão, pois a forma como nós nos comunicamos tem poder. Somos o que falamos, pensamos e fazemos. Quem não controla a própria comunicação não controla a própria vida, conforme aprofundaremos mais adiante.

ESCOLHA ESCALAR O EVEREST CORRETO

As desculpas que mais escuto as pessoas utilizarem são: sorte, azar, coincidência e destino. Tudo é causal e nada é responsabilidade do interlocutor. E, nesse contexto, encontramos ainda dois perfis predominantes: o daquelas que querem mudar e o das que simplesmente não querem e também não reclamam da vida que têm. Estas últimas, por já se aceitarem, tendem a pensar assim: *Não vou reclamar que não tenho dinheiro, mas também não vou sair de onde estou para tentar ganhar mais.*

Para os que querem mudar é preciso um cuidado especial, pois não podemos escolher a montanha errada que iremos escalar. Imagine-se vendo três montanhas. Você opta por uma delas e, depois de alcançar o topo, percebe que não está na correta. Ruim, não é mesmo?

Essa metáfora nos ajuda a visualizar como não devemos gastar tempo, energia e o recurso financeiro que temos nas atividades erradas. O plano poderá até ser bem-feito, pois você alcançará o objetivo final; contudo, não estará no ponto planejado. Não era o destino, não era o que queria.

A tentação de querer repetir consigo o sonho que deu muito certo com outros, muitas vezes, leva a esse autoengano. É por isso que há, neste livro, um capítulo sobre autoconhecimento, o qual ajudará a escapar dessa cilada comum. Eu mesmo fiz a formação em coach por ter o sonho de impactar vidas. Consegui o meu espaço no principal bairro da minha cidade, comecei a divulgar o meu trabalho e os clientes (ou coachees) vieram até mim.

Foi só quando comecei os atendimentos individuais que percebi que esse não era exatamente o meu propósito. Esse foi um Everest errado, e posso afirmar que a jornada foi longa e chegar ao topo para entender que não deveria seguir aquele caminho foi dolorido, mas também necessário. Minha mudança naquele momento foi entender que gosto de agilidade, gosto de mostrar o caminho correto que pode ser trilhado em direção aos objetivos pessoais de cada um. Corrigi meu plano, direcionando-o para o desenvolvimento de ferramentas, cursos de capacitação pessoal e empresarial, palestras e treinamentos, como a Imersão PoderosaMente,[8] que já impactou e transformou milhares de vidas. Montei um time de *master trainers* e fundei a Vencer Capacitação. Em 2019, milhares de pessoas já haviam passado pelos nossos treinamentos.

O meu objetivo explicando o meu erro é mostrar que, no meu caso, escalar o Everest errado não me trouxe tantos prejuízos, mas quero ajudar você a escolher a trajetória correta para que não precise passar pelo que passei.

Vamos juntos nessa jornada!

---

[8] Para conhecer mais sobre a Imersão PoderosaMente® – Vencer Capacitação, acesse: www.poderosamente.com.br.

CAPÍTULO

CRENÇAS LIMITANTES E OUTROS SABOTADORES

Primeiramente, o que são crenças? São programações inseridas em nosso cérebro na infância, com tudo que víamos, ouvíamos e sentíamos dos nossos pais biológicos ou substitutos. Sim, todas as experiências da nossa criação, desde quando nascemos, foram gravando aprendizados em nossa mente.

É como se tivéssemos dentro da cabeça um "pen drive" novinho sendo abastecido o tempo todo por gestos, conversas e sentimentos decorrentes da nossa convivência com os adultos e com o mundo externo.

Voltando no tempo, você diria que presenciou mais situações de compreensão e carinho entre seus pais ou de discussão, sentindo a retaliação das brigas em alguns momentos? Gritos e xingamentos eram direcionados a você? Quando eles falavam a seu respeito, eram coisas positivas ou negativas?

Tudo isso ficou gravado em sua memória.

E ainda: pensando na construção da sua autoestima, você ouvia palavras encorajadoras ou desanimadoras a respeito do seu futuro? Elogios ou críticas? Levantavam seu ânimo ou colocavam você para baixo? Se tem irmãos, você era comparado a eles?

Existe a chance de não ter escutado nem palavras motivadoras nem arrasadoras porque, na verdade, seus pais foram ausentes. Seja porque eles se divorciaram quando você ainda era dependente ou porque trabalhavam demais. Um dos grandes efeitos dessa ausência é que você pode ter alimentado um forte sentimento de abandono ou de pouca valia, o que pode estar por trás da dificuldade de batalhar por uma vida melhor, gerando a crença de fracasso.

Por isso, começo este capítulo perguntando:

- **O que você viu, ouviu e sentiu dos seus pais que o fez ter a autoimagem que tem de si mesmo até hoje?**

_____

_____

_____

_____

- **Conforme o que absorveu dos adultos na sua criação, até onde você acha que é capaz de chegar, quanto sucesso merece ter e quanto dinheiro consegue ganhar?**

_____

_____

_____

_____

Imagine alguém que começa a trabalhar em uma empresa e olha para os executivos que estão no topo, ou inicia um negócio e observa aqueles que são referência na área, e pensa: *É lá que vou chegar! Vou desenvolver as competências, habilidades e atitudes, me relacionando com as pessoas certas e fazendo os treinamentos necessários para alcançar o meu objetivo.*

Esse indivíduo faz o necessário para crescer porque se sente capaz de ir além. Já quem acha que vale pouco nem tenta, pois já deduz que não tem capacidade, e repete a conhecida frase: "Isso não é para mim". Conclusão: contenta-se com as migalhas financeiras e de afeto.

Agora, pense comigo: o dia tem 24 horas para todo mundo, o Sol nasce para todos, morremos e nascemos da mesma forma, com a mesma neurofisiologia, coração batendo, sangue correndo pelas veias e cinco sentidos. Mesmo assim, alguns crescem e se realizam plenamente, enquanto outros se sentem incapazes, vivendo uma série de limitações. Mesmo entendendo que várias delas não são por vontade própria, mas reflexo da enorme desigualdade econômica, social e geográfica do nosso país, quero incentivar você a procurar sua superação.

Eu mesmo não escapei desse sentimento de incapacidade e dos rótulos negativos quando era jovem. Além de magoar, certos aprendizados viram crenças que vão limitá-lo no futuro, as quais são facilmente internalizadas e abalam a formação da personalidade, a autoconfiança e a autoestima. Agem como se fossem cupins em um móvel, ameaçando toda a sua estrutura. Se a pessoa não cria consciência desse prejuízo – e, principalmente, não se liberta dessas crenças –, falas como "você não faz nada direito", "deixa tudo pela metade", "nunca vai conseguir alguém" e "seu irmão é muito melhor" permanecem registradas por toda a vida. No âmbito financeiro também existem crenças limitantes, por exemplo: "Dinheiro é ruim"; "Dinheiro não dá em árvore".

A conclusão é de que é impossível ouvir tantas mensagens desmotivadoras e se sentir forte para enfrentar os desafios futuros.

Em meus cursos, convido os alunos a fazer uma reflexão sobre o quanto as limitações e os desconfortos que sentem com sua maneira de enxergar a si mesmos e o mundo são reais ou imaginários, por tudo que viram, ouviram e sentiram desde a infância.

A descrença em si mesmo é tamanha que pode ser considerada uma das maiores dificuldades que um ser humano precisa enfrentar e uma grande causa de insucesso de alguns. Só que não há para onde correr. Precisamos trilhar o caminho contrário e vencer esse obstáculo para seguir uma nova jornada com prosperidade e abundância.

A seguir, vou discorrer sobre algumas crenças comuns que eu já tive e que também encontrei em meus alunos. Tomar consciência delas será importante para o seu processo de mudança de vida.

PRIMEIRA CRENÇA: DE NÃO MERECIMENTO

Tive um aluno que fez a formação em em uma instituição de coaching e, até adquirir prática, atendia gratuitamente pessoas sem condições de pagar por seus serviços. Quando chegou o momento de monetizar o seu trabalho (uma experiência sólida), ele não conseguiu cobrar. Não se achava merecedor de dinheiro; quando estipulava um valor, a qualidade de seus atendimentos caía. Era um coach seguro, bom profissional, até que precisasse pensar na questão financeira, mostrando que a crença de não merecimento dele era tão forte, tão arraigada, que, quando cobrava para atender, sofria um bloqueio que o atrapalhava demais. A crença inconsciente de não merecimento sabotava seu desempenho de maneira que o cliente achava o trabalho ruim e, assim, ele não merecia receber.

NOSSAS CRENÇAS SÃO AUTORREALIZÁVEIS,
OU SEJA, ELAS VÃO ACONTECER.

SEGUNDA CRENÇA: DE INCAPACIDADE

Este exemplo aparece claramente naqueles que ouviram muitas críticas durante a infância e adolescência. Tiveram pais que, na tentativa de ensinar o certo, destacavam muito mais os erros do que os acertos de seus filhos, o que minou a autoconfiança destes. Vou contar uma história para você entender como é programada uma crença de incapacidade.

Pense em um pai que trabalhou exaustivamente a semana inteira e só quer dormir e maratonar sua série favorita no sábado chuvoso. Ele mal olha para o filho de 5 anos, que tenta mostrar o trabalhinho de Artes que fez na escola. Para se liberar, entrega o seu celular para a criança dizendo: "Toma, filho. Fica quietinho com aquele joguinho de que você gosta e me deixa ver a série, vai".

Passa uma hora e o garotinho vem devolver o celular. O pai estranha o fato de ele não querer mais "brincar", mas logo mata a charada: o menino havia deixado cair o celular no chão e agora o aparelho não funciona mais. Esse pai poderia pensar que se arriscou ao dar um smartphone ao filho de 5 anos. No entanto, não é isso que pensa. Bastante irritado, ele grita: "Você não cuida de nada mesmo! Quebrou o celular. Que desastrado, burro e imbecil! Vá para o seu quarto e só saia de lá quando eu chamar".

Esse é o tipo de situação que impacta emocionalmente qualquer um na infância, e, quanto mais forte for esse impacto, mais rapidamente é instalada no "pen drive" do cérebro a crença de incapacidade. Há sinapses neurais sendo estruturadas na mente dessa criança, gravando tal "aprendizado", que, na verdade, é equivocado, mas influencia o seu futuro, fazendo que acredite ser um adulto desastrado e até evite cuidar de coisas e de pessoas por receio de falhar.

É mais comum do que parece ver crianças, toda vez que tentam e erram, serem criticadas pelos pais e cuidadores. Vários adultos fazem questão de mostrar o quão incapazes elas são de realizar as coisas (muito mais do que elogiar as virtudes e os acertos).

Já se colocando na pele desse menino, você vai crescendo e se tornando inseguro, cheio de medos, sem aproveitar as oportunidades que vão surgindo – que podem ser de empreender, começar um negócio, subir de cargo no emprego, apresentar um projeto.

VOCÊ SIMPLESMENTE NÃO EVOLUI E, ASSIM, A VIDA VAI PASSANDO. QUANDO OLHAR PARA TRÁS, VERÁ QUE NÃO REALIZOU NADA DE GRANDIOSO.

A crença da incapacidade também costuma surgir com força quando você não gosta do que está fazendo – porque acaba não dando o seu melhor. Na verdade, não tem essa de que um profissional é bom e o outro é ruim. O segundo simplesmente pode estar na função e no lugar errados, e isso faz a produtividade dele cair, dando a falsa sensação de que ele não serve para nada. Todos os seres humanos são bons em algo, só precisam descobrir em quê.

Outro ponto a considerar dentro dessa crença está relacionado à realidade brasileira. Vemos que, muitas vezes, a inserção precoce de adolescentes e até crianças no mercado informal de trabalho acaba gerando um ciclo de pobreza em função do abandono escolar e da dificuldade que esses jovens têm, quando se tornam adultos, de arrumar bons empregos. Como consequência, vão ficando cada vez menos confiantes de que podem virar o jogo, conforme vou ensinar mais adiante.

É verdade também que existem famílias de origem simples dando um exemplo lindo ao se desdobrarem para que seus filhos permaneçam na escola. Só que sempre fez parte da cultura brasileira dizer que, se eles se preparassem, se tivessem uma faculdade, automaticamente conseguiriam um emprego bom. Muitos acreditaram nisso, mas não conseguiram esse bom emprego "automaticamente". Logo, se culparam, julgando-se incapazes.

TERCEIRA CRENÇA: DE NÃO SABER VENDER NEM SE VENDER

Essa é uma das crenças mais comuns e muitas vezes é ocasionada pela sensação de inferioridade quando se está oferecendo algo a alguém, por medo do *não* e de ser rejeitado, frutos da sua imaginação.

Todos nós estamos vendendo o tempo inteiro, principalmente quem somos, o que fazemos e o que queremos. Nós nos vendemos ao chefe, ao cliente, ao cônjuge e aos filhos. É preciso nos vender quando acordamos, mostrando ao parceiro que o queremos ao nosso lado dia após dia, encantando e oferecendo carinho diariamente. Em alguns casamentos, porém, a desconexão é tão grande que o casal acaba virando estranho um ao outro, pagando contas e criando filhos sem nenhum afeto emocional. Com os filhos, devemos "vender" a imagem de que eles podem confiar em nós, de que estamos desempenhando a melhor versão de nós mesmos e dando as orientações necessárias para um crescimento saudável.

Assim, eu lhe pergunto neste momento: como você está se vendendo ao seu parceiro e aos seus filhos?

Uma das brincadeiras que uso na provocação de meus alunos é dizer que quem não sabe se vender tem que esperar para ser "comprado". E pior: bem baratinho, em uma promoção. Saliento que não se pode vender sem entregar. E, infelizmente, tem gente que até vende, mas não entrega nada ou quase nada.

Chega a ser triste ver profissionais extremamente competentes, preparados, com um potencial de entrega extraordinário, ficando para trás por não saber se vender. Mesmo tão comprometidos perdem promoções para colegas menos capacitados e sem tanta entrega. Então, começa a bater aquele sentimento de injustiça. Na vida profissional é preciso mostrar que é muito bom, que é competente, principalmente na hora de vender o próprio "peixe".

A arte de se vender começa logo de manhã pela maneira como você se arruma para sair de casa, como olha para as pessoas que cruzam seu caminho, pelas primeiras palavras que diz quando chega ao trabalho.

QUARTA CRENÇA: BARREIRA FINANCEIRA

O que você viu, ouviu e sentiu dos seus pais relacionado a dinheiro? Pode ser que lhe tenham dito algo assim: "Filho, ganhar dinheiro é fácil. Você vai ganhar muito dinheiro, ser muito próspero e ajudar muitas pessoas". Ou, ao contrário, sempre escutou que dinheiro "é sujo", "nunca trouxe felicidade", "é a raiz de todo o mal", "só quem rouba fica rico".

O que você mais lembra sobre a situação financeira dos seus pais? Em sua memória há imagens positivas – como prosperidade, geladeira cheia, celebração quando eles fechavam um bom negócio? Ou, na sua casa, a palavra de ordem era escassez? Precisavam economizar no básico e você ainda os via brigando com várias contas atrasadas nas mãos?

Agora, pense: o que você cresceu vendo na televisão sobre pessoas ricas? Nas novelas, quem são os vilões? São principalmente os ricos, retratados como os que mais prejudicam os outros, exploram, fazem tramoias, ofendem e intimidam. O dano é tremendo, porque esse estereótipo reforça aquilo que comumente se escutava na infância: "Dinheiro é sujo"; "Rico não vai para o céu".

A criança liga a TV e assiste, na ficção, à imagem de um rico estigmatizado. Mais tarde, na fase adulta, conscientemente, quer enriquecer. No entanto, tem gravada no inconsciente essa crença sobre riqueza, o que faz essa pessoa sempre se sabotar quando começa a prosperar e ganhar dinheiro.

De que maneira? Passa a receber um salário maior, mas também aumenta seus gastos proporcionalmente, permanecendo sem dinheiro ou fazendo alguma besteira de forma inconsciente. Por exemplo, pede demissão de um ótimo emprego ou adota uma postura ruim que facilite ser mandada embora. Essa crença é tão forte que, quando junta algum dinheiro, afirma: "Estou guardando para uma emergência". O que acontece? A emergência inevitavelmente vai chegar.

ENQUANTO VOCÊ NÃO MUDAR SUAS CRENÇAS, O CICLO SE REPETIRÁ

SABE O QUE VOCÊ VAI FAZER NOVAMENTE?

SABOTAR-SE.

Em treinamentos e cursos, faço uma pegadinha com os alunos dizendo: "Este relógio no meu pulso é um Rolex e custa cerca de R$ 80 mil". Aguardo alguns instantes e vejo um olhar de estranhamento da plateia. Logo, lanço a seguinte pergunta: "Quem aqui sentiu certo desconforto e pensou: *Ele não precisava ter falado isso, está se exibindo?*". Várias pessoas levantam a mão. Se você se sente desconfortável quando falo que tenho um relógio de R$ 80 mil, há alguma crença financeira registrada em sua mente.

Uma maneira fácil de entender melhor suas crenças sobre dinheiro e riqueza é analisar seus sentimentos ao presenciar a riqueza do próximo. Pessoas com crenças de prosperidade gostam de ver pessoas ricas e se motivam quando o próximo prospera e ganha dinheiro.

POR MENOS QUE VOCÊ GANHE, SEMPRE HÁ UMA POSSIBILIDADE DE CONTRIBUIR COM O OUTRO. SE AJUDAR OS MAIS NECESSITADOS E CONTRIBUIR COM ELES É ALGO QUE CAUSA ESTRANHEZA E DESCONFORTO, ISSO É UM GRANDE INDICATIVO DE QUE VOCÊ TEM ALGUM TIPO DE CRENÇA FINANCEIRA. ENTENDA QUE, QUANTO MAIS GENEROSO VOCÊ É, MAIS PROSPERA.

O objetivo da minha família é contribuir com 20% da nossa renda mensal em auxílio aos necessitados, sendo metade para o dízimo e metade para instituições que trabalham pelos mais pobres. Alguns podem achar um absurdo, reproduzindo sua crença financeira de escassez, pensando que pode faltar dinheiro, entretanto, argumento que, quanto mais contribuo, mais eu ganho e o universo conspira ao meu favor. É claro que essa contribuição é gerida. Eu acompanho tanto os movimentos que a minha igreja faz quanto os das entidades com as quais colaboramos.

Uma pessoa pode ter milhões no banco e, ainda assim, criar essa crença em sua mente. Já quem é verdadeiramente rico vive na abundância e ajuda o próximo a melhorar sua condição também.

O UNIVERSO CONSPIRA A FAVOR DAS PESSOAS GENEROSAS.

Insisto com meus alunos que um indicativo de crença limitante é eles terem a chance de contribuir, mas não o fazerem, acreditando que isso seria um desperdício. Ao deixar de ajudar, você cria mais uma amarra que impede o seu desenvolvimento.

Para ganhar dinheiro, em primeiro lugar, é preciso gostar dele; depois, tem que gostar de trabalhar. Ninguém alcança uma vida próspera sem esforço. Algum trabalho vai ter de desenvolver.

Além de tudo o que vimos até aqui, você precisa tornar-se competente e querer se destacar. E também eliminar grandes sabotadores, os quais vou detalhar a seguir.

PRIMEIRA AUTOSSABOTAGEM: NÃO GOSTAR DE ESTUDAR

Quem está insatisfeito e quer migrar de carreira vai precisar se capacitar para esse novo trabalho. Não precisa necessariamente cursar uma nova faculdade, pois também é válido fazer cursos de curta ou média duração (inclusive on-line), ler livros, assistir a vídeos no YouTube. Enfim, estudando e modelando as pessoas que já têm sucesso nessa área a fim de aprender como elas a chegarem lá. Isso envolve ir a campo e conhecer a fundo o segmento em que pretende atuar.

Quando digo estudar, eu me refiro a mergulhar naquilo que almeja; no entanto, percebo que muitos ainda têm dificuldade em fazer isso. Preciso pegar na mão de vários dos meus alunos para que estudem. Ler um livro até o fim é uma dificuldade, por exemplo. Tem a ver com sair da zona de conforto: passar horas e horas pesquisando na internet o que já existe relacionado à sua ideia; bater perna para avaliar negócios parecidos com o que quer abrir; percorrer as ruas do bairro a fim de escolher um ponto.

Quem acha que vai melhorar de vida sem estudar o ramo no qual pretende atuar ou sem compreender o local em que pretende trabalhar, ou é ingênuo ou é arrogante. E arrogância não combina com sucesso pessoal!

Se você pretende se empregar em uma empresa já estabelecida, não pode ter preguiça de estudar sobre ela: ler a respeito de sua história, entender como funciona, quais os principais produtos e serviços, o que espera de seus colaboradores. Imagine como tudo isso pode melhorar seu desempenho na entrevista de emprego.

SEGUNDA AUTOSSABOTAGEM:
TER MEDO DE FALHAR

Há inúmeros casos de profissionais que se tornam vitoriosos após fracassarem diversas vezes. Um exemplo brasileiro é o do empresário Geraldo Rufino[9], ex-catador de latinhas que já quebrou ao menos seis vezes e saiu de todas as crises mais sábio e próspero. Outro modelo é o da criadora da saga Harry Potter, a britânica J. K. Rowling, recusada por uma dezena de editoras antes de emplacar sua história, que já gerou quase R$ 100 bilhões em livros, filmes e brinquedos[10]. Ela falou sobre persistência e fracasso em seu discurso a estudantes da Universidade de Harvard, por exemplo, para incentivá-los a não ter medo de falhar[11].

Mesmo assim, ainda encontramos muita gente sentindo medo de tentar algo diferente e não dar certo. Realmente, a nossa sociedade cultua o sucesso e rejeita o erro, criando um medo de falhar que só trava o desenvolvimento das pessoas e as mantém onde e como estão, mesmo insatisfeitas com o que fazem.

---

[9] Sua história é contada no livro *O catador de sonhos* (Editora Gente, 2015).

[10] Informação obtida em: 9 FRASES de J. K. Rowling sobre sucesso e fracasso. *Pequenas empresas e grandes negócios*, 9 maio 2019. Disponível em: https://revistapegn.globo.com/Empreendedorismo/noticia/2019/05/9-frases-de-j-k-rowling-sobre--sucesso-e-fracasso.html. Acesso em: 26 fev. 2020.

[11] O discurso da autora (em inglês) pode ser acessado em: ROWLING, J. K. The Fringe Benefits of Failure, and the Importance of Imagination. *The Harvard Gazette*, 5 jun. 2008. Disponível em: https://news.harvard.edu/gazette/story/2008/06/text-of--j-k-rowling-speech/. Acesso em: 26 fev. 2020.

TERCEIRA AUTOSSABOTAGEM: ANULAR SEUS SONHOS EM PROL DA FAMÍLIA

Por uma questão histórico-social, vejo essa autossabotagem em maior número na vida de mulheres que ainda anulam seus desejos e necessidades para focar excessivamente nos da família. Em nossos cursos, há um grande público feminino que passa boa parte da vida em função do cônjuge e dos filhos, esquecendo-se de si e dos próprios sonhos.

A grande dificuldade para a mulher, especialmente a de meia-idade, por fazer parte de uma geração que ainda era educada para ser "do lar", é encontrar algo de que goste profissionalmente, que gere satisfação plena e dê o retorno financeiro que merece. Quando encontra, para de se colocar em segundo plano e finalmente prospera.

Mais adiante, vou compartilhar a história da minha aluna Helena, que conseguiu montar um negócio de feijoada para eventos. Unindo o útil ao agradável ao profissionalizar seu talento, ela ganhou dinheiro e realização profissional. E a felicidade dela contagiou a sua família.

QUARTA AUTOSSABOTAGEM: ILUSÃO DE SUCESSO RÁPIDO

Fenômenos como Facebook, Google, WhatsApp, Uber e outras empresas de crescimento exponencial estão transformando mercados e merecem ter seu mérito reconhecido. No entanto, quem olhar apenas para o resultado, sem analisar profundamente como tais marcas foram construídas, pode cair na cilada de achar que é fácil enriquecer da noite para o dia, bastando ter facilidade com as novas tecnologias.

Na realidade brasileira, temos uma porcentagem de empreendedores considerável: representamos, no ranking mundial, o terceiro[12] maior criador de unicórnios no mundo, ou seja, estamos aqui falando de startups com avaliação de mercado acima de U\$ 1 bilhão. Inspirador? Sim. Desde que as pessoas reconheçam que não existe facilidade nesse processo.

Como ponto de convergência, esses negócios sabem aproveitar com maestria os avanços tecnológicos. São empreendedores que se dedicaram a questões essenciais de seu projeto, como estudar as necessidades do mercado para sair da mesmice. Todos os exemplos de grandes inovações começaram com uma ideia incrível, evoluíram para testes e, apenas depois, com muito trabalho e uma série de estratégias, seguiram para algo grandioso.

Querer fazer sucesso instantâneo, portanto, apenas imitando iniciativas de sucesso dos outros, mas sem procurar conhecer a história completa deles – mirando apenas na ponta do iceberg –, pode acabar em frustração. Cada um constrói a própria história, decide quais obstáculos está disposto a enfrentar, tem consciência de que precisará se dedicar muito para atingir suas metas e, com muito esforço e dedicação, também pode virar um fenômeno.

QUINTA AUTOSSABOTAGEM: INÉRCIA ATÉ QUANDO?

Afinal, o que é zona de conforto? É um estado mental de autopreservação, no qual o indivíduo procura fugir dos pensamentos e das ações que

---

[12] Mais informações sobre o assunto podem ser obtidas em: FONSECA, Mariana. Brasil é 3º maior criador de unicórnios do último ano. *Pequenas empresas & grandes negócios*, 8 jan. 2020. Disponível em: https://revistapegn.globo.com/Startups/noticia/2020/01/brasil-e-3-maior-criador-de-unicornios-do-ultimo-ano.html. Acesso em: 26 fev. 2020.

provocam algum tipo de medo, ansiedade ou risco. Não parece, mas esse comportamento é um dos maiores sabotadores do sucesso.

Aquele que está nessa situação realiza apenas o necessário, porque alguém mandou ou porque já faz parte da rotina, limitando-se a uma falsa sensação de segurança que o impede de se superar e evoluir. Com o passar do tempo, a tendência é que essa zona se torne tão familiar que a pessoa não consegue nem ao menos perceber que está inerte.

O medo e a cegueira são alguns dos principais motivos que nos empurram para a zona de conforto. E quanto mais amarrados estivermos à situação, devido aos problemas que relatei, maior terá de ser a nossa decisão de sair.

NÃO DEIXE QUE SEUS SABOTADORES DETENHAM VOCÊ!

Quando resolvi trabalhar sozinho, admito que encarava o fato de ter que bater de porta em porta como algo negativo. Na minha visão, eu estava me rebaixando. Mesmo com essa crença, continuei nessa empreitada até que consegui revertê-la. Foi um exercício. Eu me habituei a fazer isso, passei a achar normal e, principalmente, abandonei o medo de vender o meu serviço – que era bom, honesto e útil.

No início não foi fácil mesmo, mas precisava persistir. O desconforto desapareceu assim que engatei em um bom ritmo de trabalho e comecei a ter retorno financeiro. Após 21 dias batendo de porta em porta, eu já havia vencido essa crença de inferioridade.

Você se identificou com um sabotador (ou alguns) que detalhei neste capítulo? Saiba que, da mesma forma que você internalizou suas crenças, pode se libertar delas. Por saber exatamente quais são os seus sabotadores, tem a porta aberta para a mudança. A partir do próximo capítulo, eu vou ajudá-lo a atravessar essa porta. E, aposto, você não vai ter saudade do que deixará para trás.

4

CAPÍTULO

SAIA DA MESMICE E MOVIMENTE-SE

Agora que já analisamos os mais fortes motivos que causam tanta insatisfação profissional, dificuldades financeiras e consequente desarmonia nas vidas pessoal e familiar, proponho uma revisão de sua história, suas crenças e seus aprendizados.

Você está realmente decidido a trocar crenças que limitam por outras que potencializam? Um trabalho infeliz por outro que o motive a acordar cedo? Falta de dinheiro e brigas familiares por abundância e harmonia dentro e fora de casa?

Para uma mudança verdadeira, é importante ter consciência de si mesmo, olhando-se com honestidade e firmeza a fim de entender seus pontos fracos e fortes, bem como comportamentos positivos e negativos, e enfim perceber o que, de fato, você precisa transformar para alcançar prosperidade e abundância.

VERDADES TÊM DE SER DITAS.
SENTIMENTOS DEVEM SE DEMONSTRADOS.
PROJETOS PRECISAM SER EXECUTADOS.
Viva menos na teoria e mais na prática.

FAÇA AS PERGUNTAS NECESSÁRIAS

Conforme prometi no início deste livro, vou conduzir sua mente para a autoconsciência, começando pelo reconhecimento de situações e ambientes que influenciam seu desenvolvimento; depois, indo a fundo no que realmente fará diferença na mudança pela qual você passará. Colocaremos em xeque seus conceitos e, principalmente, "pré-conceitos".

De início, convido-o a responder a estas perguntas poderosas, que trazem reflexões muito boas e levam toda a sua realidade à superfície. Elas capturam a atenção, fazem você revisitar sua vida inteira e, assim, despertam a consciência.

- Se você não soubesse sua idade e analisando seus comportamentos, escolhas e vivências, quantos anos sente que teria?

  _____

- O que é menos pior: falhar ou nunca tentar?

  _____

- De que maneira você gostaria de mudar o mundo?

  _____

  _____

DECIDA VENCER | 63

- Se a sua expectativa de vida fosse de apenas 33 anos, estaria vivendo de outra maneira? Qual?

- Se pudesse dar a uma criança somente um conselho, qual seria?

- O que está prendendo você de fazer aquilo que quer? Se esse não é o momento, então quando será?

- De que poderia se desapegar para tornar seus dias mais leves?

EDUARDO VOLPATO

_____

_____

_____

_____

- Qual é a coisa pela qual você é extremamente grato? Há algo que possa dizer que é maravilhoso em sua vida?

_____

_____

_____

_____

_____

- Seu maior sonho, em algum momento, tornou-se realidade? Caso não tenha conseguido ainda, qual é o obstáculo?

_____

_____

_____

_____

_____

- O que tirava sua alegria cinco anos atrás? Isso ainda acontece?

_____

_____

_____

_____

DECIDA VENCER | 65

- Qual é a sua memória mais feliz da infância?

  _____

  _____

  _____

  _____

- Se você ganhasse na loteria, sairia de seu trabalho atual no dia seguinte?

  _____

- Você sente como se todos os seus dias fossem iguais? Se sim, o que precisaria acontecer para ter novidades?

  _____

  _____

  _____

  _____

- Se você soubesse que todos que conhece morreriam amanhã, quem visitaria hoje?

  _____

  _____

- O que você faria de diferente se tivesse certeza de que ninguém vai julgá-lo?

  _____

  _____

  _____

  _____

As respostas já devem estar clareando as primeiras pistas do que você genuinamente sente vontade de fazer para sair da mesmice. Isso é um ótimo começo, considerando que a maior parte da população quer uma vida nova, porém não se dispõe a mudar as próprias ações. Basta ver que os brasileiros, em média, perdem mais tempo lavando o carro e conferindo as redes sociais do que planejando o seu próximo ano.

Agora, pense em uma pessoa que não planeja o futuro, não se programa, não tem objetivos, continua agindo da mesma forma, e no fim do ano pula sete ondinhas almejando melhorias. Qual é a eficácia disso, além da diversão? Ela precisa de um método. Alguns até tomam atitudes, mas abruptamente, sem pensar. Sim, eu reforço: por quê?

SEM SABER AONDE QUER CHEGAR, QUALQUER CAMINHO SERVE. PARA AJUDÁ-LO A SEGUIR UM CAMINHO QUE FARÁ SENTIDO NO DESENVOLVIMENTO DO SEU SUCESSO PESSOAL, GOSTARIA QUE CONTINUÁSSEMOS JUNTOS NESTA JORNADA. *O trabalho será árduo, mas garanto a você um resultado gratificante.*

Este livro é, para mim, um filho. Mas um filho que estou criando para o mundo, para desenvolver mais e mais pessoas que, como você, querem uma nova vida. Depois de ler e aplicar os passos sobre os quais falaremos adiarte, me mande e-mail contando como foi todo o processo. Se estiver decidido a pensar poderosamente e fazer o que tem de ser feito, conseguirá mudar de atitude – das pequenas às médias e, depois, às grandes – e conquistar um horizonte maior com solidez.

Além de reflexões e lições, você encontrará nas próximas páginas vários exercícios e mantras que vão auxiliá-lo a acessar sua inteligência infinita e o ajudarão na conexão entre seu íntimo e o seu projeto individual de felicidade.

Como eu disse anteriormente, o meu objetivo é impactar pessoas, fazendo-as enxergar que, para chegar na plenitude, haverá passos a se cumprir, todos detalhados a partir do Capítulo 5. E eu brinco que estou entregando um livro com uma "caixa de ferramentas" para transformação mental e de atitudes, exatamente como a minha primeira caixa de ferramentas, que foi o meu primeiro passo em direção ao sucesso.

SE DECIDIR FAZER O QUE VOU ENSINAR, SERÁ IMPOSSÍVEL NÃO PROSPERAR.

A partir de agora, movimente-se, trabalhe duro e coloque toda a fé e determinação do mundo na sua vitória. Crie relacionamentos estratégicos. Vença o medo e se torne um empreendedor de sucesso! Nos meus cursos, palestras e treinamentos tenho impactado muitas vidas. Com este livro, pretendo impactar e transformar a sua vida também. E é isso o que vai acontecer!

CAPÍTULO 5

O BEIJO NA REALIDADE: É PRECISO CAIR NA REAL![13]

"Se você gastar o seu tempo dormindo, acabará pobre;

trabalhe e terá comida com fartura."

(Provérbios 20:13)

Parar, respirar fundo e entrar em contato com suas características e anseios é crucial para a tomada de consciência, que é o primeiro passo para o seu processo de transformação. Essas atitudes o farão abandonar o modo "piloto automático", que é aquele estado mental no qual agimos sem uma intenção consciente, ou seja, sem nem saber direito o porquê de todas as nossas ações.

Se você recupera agora o controle do seu presente, evitará um "desastre" maior no futuro, pois segue em frente com rumo e foco. Isso significa impedir que situações ainda piores das que enfrenta ocorram com mais frequência, simplesmente porque conseguirá evitá-las.

---

[13] Inspirado no livro *O beijo na realidade – Caia na real e realize-se* (Editora Gente, 2005), de José Luiz Tejon.

Sim, é preciso cair na real. Olhe para sua vida atual com consciência e responsabilidade. Abandone ilusões que só atrasam a sua evolução, rasgue fantasias comodistas ou agradáveis e veja a realidade como uma arma capaz de levar você ao encontro de si mesmo, para que possa tomar as rédeas da própria vida

QUEBRE O AUTOMATISMO E AMPLIE SUA CONSCIÊNCIA

O mundo se reinventa, as coisas evoluem, o mercado de trabalho se modifica e o comportamento das pessoas se adapta a tudo isso. E se, hoje, você já se encontra desatualizado, estacionado, abandonado e fragilizado, imagine como estará amanhã. Para que sua situação não piore ainda mais, a única saída é se movimentar, iniciando pela tomada de consciência.

O UNIVERSO ESTÁ EM MOVIMENTO O TEMPO INTEIRO E VOCÊ FAZ PARTE DELE. ENTÃO, *SE DECIDIR FICAR PARADO E NÃO ANDAR PARA A FRENTE, VAI FICANDO PARA TRÁS.*

É por isso que enfatizo aos meus alunos: não é possível avançar na decisão de ser vitorioso comportando-se no piloto automático. Quem se conforma em cumprir uma rotina de trabalho repetitiva e exaustiva, sem nem pensar direito no que está fazendo e sendo mal remunerado, também acaba deixando de lado outros aspectos fundamentais para uma vida plena.

No entanto, família, saúde, finanças, vida conjugal, bem-estar físico e mental de maneira nenhuma devem ser preteridos ou mesmo anulados em função apenas do trabalho. Sabe por quê?

O ALINHAMENTO E A CONGRUÊNCIA ENTRE TODAS AS PARTES DE NÓS FORMAM A BASE PARA A PROSPERIDADE, O SUCESSO, A PAZ INTERIOR E A FELICIDADE QUE TANTO BUSCAMOS E MERECEMOS TER.

Há ainda aquelas pessoas que se escondem atrás da área da vida que vai melhor, achando que podem seguir no piloto automático com as outras, sem se esforçar para uma realização plena. É assim com você?

Saiba que agir dessa maneira é como construir um edifício utilizando a areia que há no entorno: o prédio pode até ser grande e bonito, no entanto você não vai conseguir ter acesso a ele, pois a areia que retirou deixou buracos enormes em volta dele. É como aquela pessoa que trabalha a vida inteira para enriquecer, mas não cuida da saúde e muitas vezes acaba nem aproveitando o dinheiro que ganhou.

Nós somos fruto da família e dos amigos, do trabalho e da carreira, das saúdes física e mental, da nossa espiritualidade, do amor, da vida financeira, do lazer e intelecto. Se você acha que faz sentido o que estou dizendo, poderá confirmar como vem se comportando em relação às várias áreas da sua vida, refletindo por meio destas perguntas:

72 | EDUARDO VOLPATO

- Você está consciente de suas ações na maior parte do seu tempo?

- Já parou para questionar as suas verdades?

- De onde vêm os conceitos que você tem sobre o mundo, sobre a vida, sobre certo e errado?

- Será que eles realmente são seus? Ou será que são herdados de pessoas que talvez você nunca tenha conhecido?

- Você e seu cônjuge/namorado(a) estão caminhando na mesma direção ou em sentidos opostos? Os seus planos coincidem?

- Qual foi a última vez que você disse "eu te amo" para um filho? Com que frequência valida esse sentimento?

- Como está a relação com os seus pais e irmãos hoje? Há diálogo e demonstração de afeto?

- Qual foi a última vez que você ajudou um estranho, sem receber nada em troca?

- Há pessoas nas quais confia fora do círculo familiar ou você se sente solitário em meio à multidão?

- Com qual frequência você se dispõe a aprender coisas novas?

- Com qual frequência estuda sobre a sua área de atuação? E áreas diferentes?

- Você se sente feliz no trabalho? Percebe que explora seus talentos e habilidades?

- Você se sente valorizado pelo seu gestor, pelos colegas e pela empresa em geral?

- Como você avalia o seu desempenho? Sinceramente, você dá tudo de si?

- Se fosse o dono da empresa, sinceramente, você se contrataria?

- Consegue mensurar os resultados que deu à empresa no último ano?

DECIDA VENCER | **73**

- Está satisfeito com seus ganhos mensais? O valor é suficiente? Sobra ou falta?
- Você possui um controle financeiro mensal?
- Você se sente seguro em relação ao seu futuro financeiro?
- Quanto possui em aplicações, poupança e patrimônio? Ou em dívidas?
- Os seus rendimentos vêm crescendo ou estão estagnados?
- Se sabemos que a vida é finita e curta, por que acabamos fazendo tantas coisas de que não gostamos e gostamos de tantas coisas que não fazemos?
- Você está fazendo aquilo em que acredita ou apenas se conforma com o que está fazendo?
- Você está se apegando a algo que precisa deixar ir?
- Entre ter menos trabalho ou trabalhar mais naquilo que realmente gosta de fazer, o que preferiria?
- Se aprendemos com nossos erros, por que estamos sempre com medo de falhar?
- Quando foi a última vez que você prestou atenção na sua respiração?
- Os seus dias estão sendo bem aproveitados? Se não, quais as razões?
- Você está tomando decisões por si ou permitindo que os outros as tomem no seu lugar?

Todas as decisões que você toma levam a sua vida para determinado caminho. E se faz isso no piloto automático, sem a devida consciência, não reflete sobre suas escolhas; anos mais tarde, então, poderá olhar para trás e se arrepender. É crucial, portanto, avaliar tudo que importa para você e distribuir o seu tempo de maneira inteligente, para que conquiste uma vida abundante e próspera em todas as áreas.

COMO VOCÊ LEVA SUA VIDA?

Analise exatamente como estão suas finanças. Você controla o seu dinheiro? Sabe quanto gasta mensalmente e com o quê? Se não, comece já a mapear sua situação financeira pessoal e familiar, ao ponto de anotar todas as saídas e entradas de dinheiro, além de inventariar as dívidas. Seja anotando em um caderno, seja aproveitando os vários aplicativos de finanças, ou, ainda, utilizando a velha e boa planilha de Excel.

É importante tomar as rédeas da área financeira, tanto quanto mapear sua relação afetiva. Se está em um casamento, sente que existe amor? É fiel? Há troca de carinho? Um dedica tempo de qualidade ao outro ou ambos dão mais atenção ao celular? Importa-se de verdade com o que seu par está sentindo? Que tipo de cônjuge você é?

Isso também vale para o seu papel de pai ou mãe, se for o caso. Reflita: dá atenção e carinho aos seus filhos? Participa da vida escolar deles? Abre espaço para conversas? Educa, coloca limites, ensina, dá bons exemplos?

E quanto à saúde, como está a sua? É preciso lembrar que a sua alma habita o seu corpo. Você tem feito os exames de rotina? Como se alimenta? Dorme o suficiente? Evita o excesso de peso? Faz exercícios? E como vem alimentando esse corpo, intelectualmente falando? Quantos livros leu no último semestre? Fez cursos de atualização?

Que tipo de profissional é hoje? Gera lucro para a empresa ou vai trabalhar só para cumprir horário, e fica navegando nas redes sociais no horário que deveria estar produzindo? Se seu chefe percebesse tudo o que faz, qual seria o resultado? Quando se desvirtua do propósito para o qual foi contratado, ficando mais interessado no mundo virtual, está roubando aquela empresa na realidade. Em tese, vende horas de trabalho entregando menos do que o combinado. Depois, não pode reclamar que não é promovido.

Em suma: como você leva sua vida? Quais são os seus comportamentos? Como está sendo para si mesmo e para os outros? É confiável? Batalhador? Aberto a aprender coisas novas? Cuidadoso? Ou negligente? Impaciente? Se continuar assim, como estará daqui a cinco ou dez anos?

Se não virar o jogo agora, continuando a se alimentar mal, a fazer compras desnecessárias, a ficar ausente da convivência em família, como será sua vida lá na frente?

Ampliar essa consciência fará grande diferença no seu processo de mudança. Com toda a minha experiência de treinador, posso dizer que você vinha sendo assim, mas pode escolher ser diferente, podendo aproveitar as respostas das perguntas que fiz neste capítulo para ganhar consciência do que quer (e precisa) mudar.

Proponho que escreva com caneta a data de hoje ___/___/___ e mentalize que a partir deste dia você vai parar de se criticar e/ou se cobrar quando olhar para trás. Você deverá honrar o seu passado, pois ele o trouxe até aqui, agradecendo por ter vivido tantas experiências e aprendido com elas.

A partir desta data, porém, vai decidir de uma vez por todas mudar todos os comportamentos que vinham sabotando e amarrando sua vida. Para ajudar, faça o exercício a seguir, transformando seus comportamentos negativos em positivos.

EXERCÍCIO

Escreva pelo menos três comportamentos que vinham sabotando você. Depois, reescreva-os, substituindo cada um deles por um novo comportamento positivo. Vigie-se para que a partir de hoje você os incorpore.

Siga o exemplo:

A. Comportamento sabotador: Falar mal das pessoas pelas costas e criticá-las.

B. Novo comportamento potencializador: Falar bem dos outros e dar--lhes sugestões positivas a fim de ajudá-los.

A. Comportamento sabotador:

_____

B. Novo comportamento potencializador:

_____

A. Comportamento sabotador:

_____

B. Novo comportamento potencializador:

_____

A. Comportamento sabotador:

_____

B. Novo comportamento potencializador:

_____

Agora, para fazer acontecer, liberte todo o seu potencial, focando nos novos comportamentos que acabou de escrever. Porque a sua vitória e a felicidade daqueles que você ama dependem dessa decisão com ação.

PENSE COM EXATIDÃO E FOQUE O QUE IMPORTA

Muitas pessoas não pensam com clareza, porque se detêm a detalhes irrelevantes sobre determinada situação e acabam gastando tempo e energia sem que solucionem um problema. E não pensar com exatidão gera confusões na comunicação e discussões sem necessidade.

Para ser mais bem compreendido e menos prolixo, é preciso aprender a separar os fatos das meras informações e opiniões; depois, separar os fatos realmente importantes daqueles sem relevância, a fim de focar o objetivo principal do que está em discussão e solucionar assertivamente o seu conflito.

Essa lição é fundamental para o alcance de determinado objetivo, pois precisamos ser exatos em nossos pensamentos e ações para não perder energia e tempo em algo que não está dentro de nossa meta.

Napoleon Hill, no livro *A lei do triunfo,*[14] fala o seguinte:

> *O pensamento exato é o que faz uso inteligente de todos os poderes da mente humana e não se detém com o mero exame, classificação e arranjo das ideias. Ele cria as ideias e também transforma ideias em formas mais construtivas e mais úteis.*

---

[14]   HILL, N. O valor da autossugestão para a realização do objetivo principal definido. In: HILL, N. *A lei do triunfo*. Rio de Janeiro: Grupo Editorial Record, 2015. p. 451.

Ele também indica como anular dificuldades e perigos:[15]

> *A resolução é o que torna manifesto um homem. Não as resoluções dúbias ou as determinações cruéis; não os propósitos vagos – mas o desejo forte e incansável que não conhece barreiras, que anula dificuldades e perigos.*

Essa conscientização sobre a forma como você vinha levando a vida muitas vezes gera um peso emocional, o qual eu chamo de baque. Afinal, caem várias fichas de uma vez. O que fazer depois de reconhecer tudo isso?

É PRECISO RESSIGNIFICAR CADA FATO, OU SEJA, NÃO DEIXAR QUE FIQUE APENAS EM SUA CABEÇA. PEGUE AQUELAS EXPERIÊNCIAS QUE ESTÃO DEIXANDO-O PREOCUPADO E DÊ A ELAS UM NOVO SIGNIFICADO. QUAIS APRENDIZADOS TIROU DE TUDO PELO QUE PASSOU ATÉ AQUI?

Tudo aquilo lhe serviu como aprendizado. O jeito como se comportava o levou até o ponto que chegou, mas é preciso ressignificar suas atitudes e experiências para quebrar o círculo vicioso.

Imagine um transatlântico que está naufragando. Todos a bordo acabam morrendo, exceto você, que sobreviveu por se agarrar a

---

[15] HILL, N. O valor da autossugestão para a realização do objetivo principal definido. In: MITCHELL, D. G. *A lei do triunfo*. Rio de Janeiro: Grupo Editorial Record, 2015. p. 449.

um toco e ficar boiando por dois dias, até ser encontrado por uma embarcação de resgate. Imagine se você pensasse assim: *Esse toco salvou a minha vida, então não vou abandoná-lo, porque não sei o que poderá acontecer.*

Eu comparo esse toco às crenças limitantes sobre as quais expliquei no Capítulo 3. É preciso ressignificá-las por outras positivas. Sugiro, então, agradecer aos "tocos" pela ajuda e pelos ensinamentos, mas seguir em frente, lutando para passar do seu estado atual para o desejado.

CASE DE VITÓRIA

O VERDADEIRO OURO

Murilo trabalhava havia quinze anos em uma montadora de veículos como reparador, o popular "martelinho de ouro", quando foi demitido sob alegação de redução do quadro. Entrou em depressão. Sua vida perdeu o sentido. Ele, que tinha esposa e filha para sustentar, parcelas de carro e apartamento, sentia-se no fundo do poço e não via saída. Perder o emprego desestabilizou todas as áreas de sua vida.

Foi então que decidiu participar de nossa Imersão PoderosaMente. No decorrer do curso, após um raio X da própria vida, ele tomou consciência de que estava se vitimando em relação à sua demissão, deixando de lado toda a experiência que possuía e que poderia ser aplicada em outro lugar. E isso contaminava principalmente sua relação familiar.

Ele enxergou que estava abandonando todo o seu potencial e tudo o que tinha aprendido naqueles quinze anos. Decidiu, então, mudar esse comportamentode de uma vez por todas, transformando seus medos em ação. Com garra e determinação, passou a acordar mais cedo e sair para distribuir currículos, além de visitar empresas que poderiam contratá-lo.

Não conseguiu arrumar um novo emprego, mas não desanimou. A melhor alternativa que encontrou foi empreender por conta própria com sua técnica artesanal de funilaria ("martelinho de ouro"). Hoje, esse dedicado profissional atende a centenas de clientes.

Gosto de contar esse case, pois ele mostra que Murilo tomou consciência de que só dependia dele mesmo parar de se vitimizar. Render-se aos problemas, colocando-se nesse papel passivo, só servia para sabotar e baixar sua autoestima.

Fiquei feliz quando ele decidiu cair na real e mudar de atitude, transformando seu problema em oportunidade. Murilo tentou emprego. Não deu? Partiu para uma alternativa que funcionou bem, considerando o talento dele, e progrediu.

Você, depois de tomar consciência, vai, sim, transformar seus medos em ação, encontrando o melhor caminho para ser feliz.

CAPÍTULO 6

QUANDO ACREDITAR EM SI, O MUNDO TAMBÉM O FARÁ

"'Ame o Senhor, seu Deus, com todo o coração, com toda a alma, com toda a mente e com todas as forças.' E o segundo mais importante é este: 'Ame os outros como você ama a você mesmo.' Não existe outro mandamento mais importante do que esses dois."

(Marcos 12:30-31)

Acredite em você! Se não fizer isso, ninguém vai. Eu sempre digo que, quando cremos em nós mesmos, o mundo acredita. Confiar em si próprio não é uma questão de orgulho, e sim de honra pessoal. É essa a ideologia que todas as pessoas devem buscar fortalecer diariamente, para encarar a vida que têm sem receio de falhar.

Uma aluna do nosso curso PoderosaMente, de 55 anos, chorou no primeiro dia inteiro, alegando ter se deixado em segundo plano, não realizando seus sonhos quando jovem. Tampouco depois de casada, pois sempre viveu para sua família e sua casa. Quando os filhos cresceram, porém, o marido pediu a separação.

Ela achava que suas chances de realizar algo que a fizesse feliz haviam acabado. Essa mulher não acreditava ser capaz de escrever novas páginas da própria história, de recomeçar realizando tudo o que sonhou.

É por isso que eu começo este capítulo lembrando a você que nunca é tarde para trilhar um caminho próspero. Inclusive, ressalto que a longevidade da população está cada vez maior. Então, será muito comum ver pessoas desenvolvendo duas, três carreiras diferentes ao longo da vida e vivendo experiências maravilhosas, como a de se formar na faculdade aos 80 anos (a propósito, várias já oferecem programas específicos para a terceira idade, como a Universidade de São Paulo – USP).

Eu mesmo não imaginaria ingressar na área de desenvolvimento humano e ministrar cursos, lotar salas de palestra, escrever este livro. Mais jovem, acreditei que teria a minha empresa no setor de segurança privada e pensava em viver só dessa atividade. Claro, ela continua essencial para a minha família e me realiza como empresário, pois estou sempre criando estratégias guiadas pelo meu propósito de amar e proteger o próximo. No entanto, depois que já tinha um negócio sólido e bem-sucedido, entendi que poderia conciliá-lo com outra atividade que me trouxesse mais realização ainda, por me permitir impactar vidas. Como a daquela senhora de 55 anos, que decidiu parar de se vitimar e recomeçou sua vida. Hoje, ela cursa Direito e está até namorando!

SE ALGUÉM PODE, VOCÊ TAMBÉM PODE

Esta afirmação envolve avaliar sua autoestima, ou seja, como você está se vendo hoje e como quer se ver. Para exemplificar, volto ao início da minha jornada, quando resolvi empreender por conta própria. Admito que passei por momentos difíceis, mas nunca deixei de acreditar em mim. Persistia em meu objetivo e, gradativamente, fui garantindo o básico. Meu foco, então, passou a ser estipular uma quantia para faturar a cada dia – e, em 60% dos casos, batia a minha meta. Também tinha uma meta semanal e outra mensal. Fazia isso dia após dia.

Pensar em nós mesmos significa nos amar com valentia, sabendo que merecemos algo melhor. A frase "acredite em si mesmo" está em muitos lugares, mas sei o quanto é complexo apostar na própria capacidade, potencializar as próprias virtudes. Isso se deve ao modo como construímos a nossa identidade.

Desde crianças, damos forma à nossa autoimagem nos baseando nos estímulos que recebemos e nas interpretações que fazemos desses estímulos. Desse modo, fundamentados no que os outros nos dizem ou nos projetam, construímos um senso de identidade mais fragilizado e derrotado ou mais potente e mais resistente.

Neste ponto, não posso deixar de falar do efeito pigmaleão. Em 1968, um estudo psicológico de autoria de Robert Rosenthal e Lenore Jacobson foi publicado com o título: "Pigmaleão na sala de aula". A ideia era testar como as expectativas que os professores projetavam em seus alunos afetariam o desempenho escolar dos estudantes. Primeiramente, um teste de inteligência foi realizado com 320 alunos, após o qual se constatou que não havia grandes diferenças nos resultados. Selecionaram, então, 65 alunos e passaram relatórios falsos aos professores, mostrando que os resultados dos testes haviam sido superiores aos de fato obtidos. Não revelaram nada sobre os demais alunos. No fim do curso, o teste de inteligência foi refeito e os "falsamente" rotulados mais inteligentes tiveram um aumento significativo no coeficiente intelectual[16].

Isso nos mostra que, se um professor acredita que um aluno é menos inteligente do que os outros da sala, ele vai tratá-lo inconscientemente com tal crença. E esse estudante vai internalizar esse julgamento subjetivo, comportando-se como menos capaz. O oposto também ocorre com aquele cujo desempenho escolar é normal, mas no qual é depositada uma grande expectativa e ele passa, então, a ser tratado como um pequeno gênio. A tendência é que surpreenda professores, pais e até ele mesmo com resultados extraordinários.

Se você está pensando em como não ficar vulnerável ao efeito pigmaleão, segue a resposta: a saída é se concentrar mais nas próprias qualidades do que nas falhas, exceto para tirar lições, aprendizados. Fomos ensinados a nos fixar no que os outros dizem ou pensam sobre nós, quando deveríamos nos dedicar mais a nós mesmos, especialmente aos nossos pontos fortes.

PROJETAR UMA IDENTIDADE PODEROSA E CORAJOSA PASSA POR CONFIAR EM VOCÊ PRIMORDIALMENTE, CONCORDANDO QUE É UM SER ÚNICO E QUE NÃO PRECISA PROVAR O SEU VALOR A NINGUÉM.

---

[16] Mais informações sobre o assunto podem ser obtidas em: SOLER, Alberto. O verdadeiro poder das expectativas na sua felicidade. *El País*, 8 jul. 2017. Disponível em: https://brasil.elpais.com/brasil/2017/07/07/eps/1499462319_556097.html. Acesso em: 17 fev. 2020.

Diga isso a si mesmo, pense nisso, aja conforme essa ideologia, refli- ta sobre ser único, pois estará ajudando a delinear quem é e a descobrir o que está limitando seus passos para destravar. Crer em si mesmo, antes de tudo, exige vontade, com pensamentos certos para promover bem-estar e desenvolvimento pessoal.

Essa vontade que direciona pensamentos e comportamentos para a autoconfiança precisa ser potencializada, principalmente se você teve pais e educadores que se esqueceram de ensinar a crer em si mesmo; ao contrário, apenas o orientaram a pensar e fazer igualzinho à média das pessoas para ser "aceito", afirmando que isso, sim, é "ser normal", sem se darem conta de que estavam conduzindo suas particularidades ao patamar ordinário, da mesmice.

Vale a pena recordar algo bastante simples: nós não somos seres fabricados em série, como em um filme de ficção. Somos diferentes no mundo inteiro, excepcionalmente irrepetíveis. Temos personalidade própria, peculiaridades distintas uns dos outros. Nascemos para dei- xar a nossa marca no planeta. Para isso, devemos achar a nossa missão, acreditando em nossa capacidade.

Crer em si mesmo é um exercício contínuo. VOCÊ PODE CONSTRUIR UM IMPÉRIO POR MEIO DE PEQUENAS VITORIAS DIÁRIAS; PARA ISSO, PORÉM, ESTEJA DISPOSTO A "COLOCAR UM TIJOLO A CADA DIA".

VALORIZE AS PEQUENAS CONQUISTAS E CONFIE QUE TERÁ MAIS

Grandes feitos são conquistados a partir de pequenas vitórias. Desse modo, devemos focar nas pequenas vitórias diárias, realizar pequenos desafios diários, pois eles vão fortalecer o sentimento de "eu sou capaz" e uma autoimagem positiva.

Insisto, a arte de confiar em si mesmo é como um músculo que devemos exercitar. Então, deixe de lado a opinião alheia e saia todos os dias da sua zona de conforto, enfrentando os seus medos.

SEJA VOCÊ MESMO EM QUALQUER LUGAR E SITUAÇÃO. VOCÊ TEM A AUTOESTIMA E A CONFIANÇA NECESSÁRIAS PARA AVANÇAR PELA VIDA COM FACILIDADE.

Aonde quer que vá, continue concentrando-se em si e acreditando que é capaz. Não abra mão de conquistar aquilo que quer por influência negativa dos outros. Não deixe para trás seus valores, suas paixões e sua identidade. Tome decisões sem medo da opinião alheia. Seja você mesmo em todas as situações.

Como não vivemos em uma bolha, há momentos em que o ambiente externo parece "remar contra" e nos faz sentir pequenos, fracos, inseguros, incapazes de vencer várias dificuldades. Já aconteceu comigo, mas eu intuía que, quanto mais tempo e energia gastasse pensando no obstáculo, maior ele ficaria. Então, rapidamente avivava a mente com os vários problemas, barreiras, respostas negativas que havia superado.

Recomendo muito fazer um instante de reflexão sobre suas conquistas nos momentos difíceis para recuperar, o quanto antes, toda sua força e capacidade de se reerguer. Sinta, imagine que a dificuldade pela qual você está passando é apenas mais uma que vai superar.

EM MOMENTOS DIFÍCEIS,
DIGA PARA VOCÊ MESMO:
"Hoje, nenhum lugar, pessoa ou coisa pode me irritar ou perturbar. Escolho estar em paz, e Deus me apoia de todas as maneiras".

EXERCÍCIO

Continua se sentindo impotente e inferiorizado? Escreva em um papel o maior número de situações difíceis que você já venceu, o que fez e como se sentiu depois da vitória. Vai perceber que é capaz de ultrapassar mais essa! Imagine o prazer, a alegria, o orgulho que vai colher, além de motivar as pessoas que você ama.

CORTE A MENTIRA; NÃO SE SABOTE

Para que você consiga realmente acreditar no seu potencial, tem de eliminar algumas coisas da sua vida, e a mentira lidera essa lista. É preciso parar com esse hábito, que, de tão enraizado, até parece verdade. Não se engane.

90 | EDUARDO VOLPATO

A mentira é um grande sabotador do seu sucesso, pelo simples fato de que você, quando mente para alguém, está mentindo para si próprio. O mentiroso nunca vai acreditar em si mesmo, porque sabe que está faltando com a verdade, ainda que os outros não percebam isso. Inconscientemente, então, ele vai se sabotar de alguma forma, por sentir-se no fundo um impostor.

Precisam ser eliminadas todas as desonestidades que caminham de mãos dadas com a mentira, como traição e trapaça. Por quê? Nós estamos na Terra para boas obras, e em nosso inconsciente está gravado esse senso comum, que é o senso da justiça. Então, o que o inconsciente de quem trai precisa fazer? Aplicar-lhe uma punição, para aliviar a culpa.

Pense em uma pessoa que rouba – e pode ser tanto no troco de uma compra de chocolates quanto em uma ação mais pesada e agressiva. No inconsciente dela está que o roubo precisa ser punido. Agora, o que acontece a alguém que mente ao pai, ao cônjuge, aos amigos, a si próprio? O mesmo processo. No momento da mentira, o inconsciente desse indivíduo sabe que isso é ruim e passível de punição. Conclusão: ele acabará se sabotando.

Sabe aquela história de que todo dinheiro que vem fácil vai embora fácil? Todos nós conhecemos aqueles que estão sempre passando a perna nos outros e continuam infelizes, devedores e sozinhos. Por quê? Tipos assim vão se punir de uma forma ou de outra, mesmo que inconscientemente, e essa autossabotagem ocorre por causa do senso de justiça.

É preciso parar de mentir o quanto antes, para poder acreditar em si em vez de querer se punir, e também para não ser rejeitado pelos outros.

Sempre que você ver uma pessoa fazendo uma coisa errada, inconscientemente deixará de gostar dela e certamente manterá a distância.

O senso de justiça e o instinto de proteção falarão mais alto, afinal ninguém gosta de ser enganado, traído, trapaceado. Quem leva uma vida sem mentiras, por sua vez, tem uma amarra a menos para impedir o seu sucesso.

Ninguém prospera nem é feliz querendo levar vantagem. A lei do retorno existe, mas eu chamo a atenção para a autossabotagem, que poderá se manifestar de várias maneiras como erros sucessivos, acidentes pessoais, doenças físicas e emocionais e também como procrastinação, impedindo-o de olhar para as oportunidades, pois o seu inconsciente é um juiz bem rigoroso.

JAMAIS FALE MAL DE SI MESMO

Meu conselho é que você não fale mal de si mesmo nem em uma brincadeira. Falar sobre os nossos defeitos com outras pessoas apenas faz com elas observem com maior atenção os nossos pontos fracos em vez de priorizar os nossos pontos fontes. Não se esqueça do efeito pigmaleão: a maneira como as pessoas nos veem afeta diretamente a maneira como nos vemos. Além disso, críticas podem aparecer, mesmo que em uma roda de amigos, como uma brincadeira, e tudo isso acaba minando a nossa autoestima e influenciando o insconsciente a gerar mais crenças limitantes.

SE VOCÊ MESMO FALA MAL DE SI NÃO RECLAME SE OS OUTROS FALAREM TAMBÉM, AFINAL DE CONTAS, QUEM EXPÔS ESSE "DEFEITO", ESSA INSEGURANÇA, FOI VOCÊ MESMO.

ALIVIE O EXCESSO
DE COBRANÇAS

Essa é uma medida necessária para cortar pela raiz o medo de falhar, que tende a paralisar suas ações e atitudes. Neste tema, há duas questões cruciais a mapear:

- Quem está cobrando: é você mesmo ou alguém de fora?
- E qual é o parâmetro utilizado?

Uma pessoa pode ser apaixonada e dedicada ao relacionamento afetivo, achando que está fazendo seu parceiro feliz, e mesmo assim não alcançar a expectativa dele. Um filho pode empenhar-se ao máximo para dar orgulho em casa, sem que receba esse reconhecimento do "exigente" pai. Isso pode ocorrer em certas relações entre chefe e subordinado, vendedor e cliente, professor e aluno.

Se a expectativa for muito alta, você pode fazer uma entrega extraordinária, mas não satisfazer. Vai culpar-se, atormentar-se, sendo que já está dando o seu melhor. Em vez de achar que fracassou, mensure o nível de expectativa do outro, para que entenda se essa cobrança é válida ou não.

O passo seguinte é focar na solução, junto com quem lhe cobra, a fim de alinhar expectativas pois estas, se forem altas demais, por mais que você se esforce, não serão atendidas, e isso só gera conflito e desarmonia. Vale conversar e até escrever o que cada um espera em termos de deveres, direitos, tarefas, gentilezas etc. Com casais, é muito comum fazer reunião de alinhamento de expectativas, para o cônjuge não esperar muito além do parâmetro de entrega do outro.

O ALINHAMENTO DE EXPECTATIVAS É A MELHOR FORMA DE NÃO DECEPCIONAR E NÃO SER DECEPCIONADO.

Esse alinhamento significa comparar a expectativa com a entrega e ajustá-las. Pois, se a expectativa for alta demais, mesmo com uma entrega extraordinária pode-se decepcionar o outro. A análise que propus, no capítulo anterior, de mensurar seus resultados pode auxiliá-lo nessa tarefa, pois eles vão indicar se há cobrança em uma medida que estimule você a melhorar ou se ela é excessiva.

Às vezes, o excesso de autocobrança tem como causa principal as comparações que não levam a lugar nenhum. Por exemplo, não se deve comparar seu "capítulo um" com o "capítulo vinte" de alguém. É como um atleta que treina há um ano, mas cobra de si a performance de um atleta que treina há dez anos.

Hoje em dia, incentiva-se muito o exemplo. Realmente, é ótimo você se inspirar em pessoas bem-sucedidas. Procure apenas diferenciar isso de se comparar de um jeito que o desmotive. Alguém em um estágio mais avançado precisa servir como motivação. Se o nadador campeão ganhar nova medalha, o iniciante deve se inspirar na garra dele, porque também quer um dia subir ao pódio.

Separe o sentimento da ação. Entenda que vai precisar avançar várias casas se quiser alcançar o sucesso dessa figura inspiradora. Pense em todos os desafios e obstáculos que ela encarou antes de ganhar as competições. Ela chegou ali depois de percorrer uma longa trajetória que não está na superfície, visível.

A crença de inferioridade faz que nos comparemos para ficarmos tristes e dizermos: "Nem vale a pena tentar". Entenda que cada um tem sua caminhada e livre-se logo da amarra dessa crença para percorrer a sua. De novo, você confia mais ainda em si mesmo quando se dá conta de que é único, com uma história exclusiva, e entende que nunca vai existir outra pessoa igual.

O MELHOR PRESENTE QUE VOCÊ PODE SE DAR É *O AMOR INCONDICIONAL.*

A seguir, compartilho um exercício prático para melhorar a autoconfiança e mostrar que você é único e magnífico. Prepare-se para ficar diante do espelho para se conhecer melhor e educar a mente a reconhecer o seu valor, além de expressar gratidão por ser quem é e construir um laço poderoso consigo mesmo de motivação e amor-próprio.

EXERCÍCIO[17]
CONSOLIDAÇÃO DA AUTOESTIMA

Antes de dormir, pegue papel e caneta e escreva uma lista com pelo menos 31 características positivas suas e 3 situações, comportamentos ou atitudes que você já teve na sua vida que são motivos de orgulho.

Exemplos de características:

1. Eu sou inteligente.
2. Eu sou feliz.
3. Eu sou bonito(a).

[...]

---

[17] Exercício inspirado no método de características positivas criado por Paulo Vieira.

31.Eu sou capaz.

Exemplos de situações, comportamentos ou atitudes:

- Ajudei um grande amigo em um momento difícil.
- Sempre acompanho minha mãe ao hospital para fazer exames.
- Batalhei e conquistei meu carro, minha casa etc.

Ao acordar, pegue a folha com a lista e vá para a frente do espelho. Olhe dentro dos seus olhos e fale em voz alta as 31 características positivas, seguidas dos 3 momentos/atitudes de orgulho.

Observação: esse exercício pode ser repetido quantas vezes você achar necessário, mas considero que pelo menos 21 dias é o tempo ideal para que as ideias sejam fixadas em sua mente.

PRECE MEDITATIVA

Prece poderosa para fortalecer a autoconfiança e que deve ser feita antes de dormir:

Pai Celestial, sei que sou único nesse mundo, sou amado e me aceito exatamente como sou, vejo o mundo pelos olhos do amor e da aceitação. Eu atuo da melhor maneira possível em todas as situações da minha vida, me sinto bem comigo mesmo. Reconheço e uso meu próprio poder. Eu me respeito e me faço respeitar, não importa o que os outros digam ou façam. Eu me amo exatamente como sou e não exijo nada de mim para me amar.

7

CAPÍTULO

UMA NOVA CONEXÃO ESPIRITUAL: É PRECISO ENXERGAR ALÉM

"O ladrão não vem senão a roubar, a matar, e a destruir;

eu vim para que tenham vida, e a tenham com abundância."

(João 10:10)

A qualquer momento é possível mudar o futuro, desde que se aprenda a comandar os pensamentos e sentimentos existentes no presente. Ou seja, o nosso estado de espírito, aquilo que está passando pela nossa cabeça, pelo nosso coração no agora tem o poder de nos tornar sadios ou doentes, alegres ou tristes, prósperos ou pobres.

PORQUE O *ÚNICO MOMENTO QUE VOCÊ TEM*, NA REALIDADE, É O *AGORA.*

É o presente que vai mudar o seu futuro. As imagens e tudo o que habita a mente são seus servos. Toda vez que você tem um desejo ardente, ele passa pelo cérebro. Ao se manifestar com vigor no consciente, alcança o inconsciente e só depois acaba se realizando no mundo físico. O futuro, portanto, sempre será a manifestação do pensamento que você está tendo no presente. Tudo que a humanidade fez até hoje passou primeiro pelo pensamento e pela imaginação de alguém.

Digo aos meus alunos: "Vocês precisam modificar seu modo de pensar, tornando-o **harmonioso**, **pacífico**, **promissor** e **positivo**". E digo o mesmo a você!

Em seguida, saliento que todas as dificuldades que eles estão tendo no presente são consequência de como estão pensando. Não existe tempo nem espaço para a mente. Passado e futuro são também pensamentos que eles têm no presente. Sendo assim, **ao modificar esse presente, estarão modificando o próprio destino lá na frente.**

A IMPORTÂNCIA DAS PRECES E ORAÇÕES

Quando meus alunos entendem que devem modificar o modo de pensar, eles se dão conta de que só podem viver o amor no agora, a paz no agora, a força no agora. E, quando reivindicam com convicção, a mente confirma, porque todo desejo é uma semente. Cada um vai "plantar" conscientemente para depois "regar", a fim de que se desenvolva e germine.

Sempre que tiver um desejo, mentalize o mesmo e sinta como se já tivesse acontecido. Essa conexão espiritual o faz germinar no consciente ao ponto de as "raízes" atingirem o inconsciente, sendo capazes de reprogramar as suas crenças, desde que a sua aspiração seja suficientemente forte e ardente.

MENTALIZE SEUS DESEJOS DE MANEIRA CORRETA. Nós temos, sim, poder de influenciar o inconsciente, O QUE SÓ AUMENTA A VONTADE DE REALIZAR O DESEJO.

A metáfora da semente serve para mostrar que devemos fazer afirmações poderosas e específicas a nós mesmos, dirigidas para a ação, para a realização dos desejos de prosperidade e abundância, e não meros pedidos. Nós vamos sempre nos transformar naquilo que contemplamos. Então, quem contempla a riqueza, a inteligência, o amor, vai se tornar rico, inteligente, amoroso. O mesmo digo com relação ao que contemplamos no outro.

Quando as pessoas compreendem esse poder criador da mente, começam a vigiar o que pensam (a fim de eliminar a autocondenação, por exemplo, que só traz esgotamento mental e físico) e cultivar ideias e desejos virtuosos, a mudança vai, sem dúvida, impactando o destino de cada uma.

Aquilo que você mentaliza vai mudar o seu sentimento e a sua realidade, por atuar no consciente e no inconsciente. Essa convicção mental gera o efeito almejado, tornando o que não é visto em algo que é visto. Em outras palavras, não devemos pedir, mas, sim, agradecer como se já tivéssemos alcançado nosso desejo.

Para ajudar a mentalizar os seus objetivos com mais força e conexão, apresento um passo a passo que poderá guiá-lo nesse processo.

- **Primeiro: mentalize seu objetivo com riqueza de detalhes.** Se o seu desejo é comprar uma casa, você deverá definir tamanho, cor, quantos cômodos, localização, estrutura do pátio etc. Ela tem piscina? Tem churrasqueira? Como é a porta de entrada? Como é o jardim?

- **Segundo: vivencie-o usando os cinco sentidos.** Imagine-se caminhando dentro da sua nova casa. Veja como é lindo o pátio. Escute a música que vem da sua sala de estar. Toque nos móveis. Sinta o cheiro da grama verde. Veja-se almoçando na sala de jantar e sinta o gosto do alimentos preparados na cozinha.

- **Terceiro: coloque emoção.** É muito importante que você traga emoção durante a visualização. Uma forma de fazer isso é imaginando as pessoas que ama elogiando-o por ter alcançado esse objetivo, felizes à sua volta e orgulhosas de você.

- **Quarto: agradeça.** Agradeça a Deus por ter atingido seu objetivo. Seu inconsciente precisa acreditar que você já tem posse daquilo que deseja. Lembre-se de que seu inconsciente não diferencia o que é real do que é imaginário.

- **Quinto: alegre-se.** Sinta alegria no coração devido à certeza de ter realizado seu desejo.

- **Sexto: perceba a simbiose.** Entenda que você e o desejo são uma coisa só, pois ele já foi absorvido pelo inconsciente, está dentro do seu ser.

- **Sétimo: aguarde.** Espere com a certeza de que aquilo que mentalizou irá acontecer. Há apenas um intervalo de tempo entre a impregnação do subconsciente e a manifestação. Em outras palavras, o inconsciente está gerando um "filho", que, no momento certo, vai nascer.

Todo e qualquer decreto feito com fé e confiança será obedecido pela mente inconsciente, e realizado pela mente consciente e objetiva. Quando não há dúvidas disso, o pedido é atendido. Uma dica: quanto mais explorar os cinco sentidos nessas etapas, mais a oração terá efeito positivo.

Procure, então, visualizar a cena, captar os cheiros, gostos e sons relacionados ao desejo, imaginar-se tocando nele se for um objeto material. Isso provoca uma interação harmoniosa entre mente e emoção, que levará a realização do desejo.

DIRECIONE SUA COMUNICAÇÃO PARA O QUE DESEJA

"Você terá de aguentar as consequências de tudo o que disser. O que você diz pode salvar ou destruir uma vida; portanto, use bem as suas palavras e você será recompensado."

(Provérbios 18:20-21)

A mente inconsciente sempre vai trazer à tona o que você imprimir nela. Se imprimir o bem, colherá o bem; se imprimir o mal, receberá o mal. É preciso controlar o que comunica com os lábios, porque o que sai de sua boca se manifesta na mente consciente e contamina a inconsciente, gerando crenças.

A mente inconsciente é como uma máquina registradora, que vai gravar todos os estados de espírito, sensações, reações do dia a dia. A pessoa sábia cuida da própria comunicação, registrando no "livro da vida" as convicções mais fortes, vigorosas, amáveis, harmoniosas sobre seus valores.

Durante um dia, passam pela nossa cabeça milhares de pensamentos, mas quantos deles são construtivos? Por exemplo, se você diz: "Tenho medo. Sou fraco. Estou ressentido com isso", quem de fato está falando? É o seu eu verdadeiro? Como desejar mudança e se sentir forte repetindo essas palavras?

A nossa mente, por ter sido feita para nos manter vivos, para garantir nossa sobrevivência, arma-se de defesas diante de qualquer perigo. Desde o tempo das cavernas, ela foi condicionada pelo homem a prever o que poderia dar errado quando ele saía para caçar: "Será que aquilo é um bicho? Aquela pedra vai cair sobre mim?". A mente foi treinada para afastar possíveis ameaças a fim de garantir a evolução da espécie, por isso, até hoje, as notícias ruins vendem mais, já que chamam mais atenção.

Trazendo essa herança cultural para os dias atuais, se nós estamos sempre procurando identificar o que pode dar errado, o que ameaça nossa vida, nada mais natural que os pensamentos ruins ganhem força, precisando ser vigiados e substituídos por outros bons, positivos, assertivos – pois estes, sim, vão ajudar a prosperar.

ALIVIE MÁGOAS PERDOANDO QUEM AS CAUSA

Fazem parte do ser humano a raiva, a mágoa, o rancor, mas você pode decidir não os alimentar nem estimular, para não virarem um peso emocional capaz de desgovernar os pensamentos. Manter sentimentos ruins dentro de si, e até querer se vingar de quem os causou, é como escolher beber veneno querendo que o outro morra.

Se o estado de consciência abrange o que você pensa, sente e crê – e se não há outra força tão poderosa operando no seu destino –, dá para decidir "cicatrizar" o machucado, por maior que pareça; assim, não dói mais em você. Melhor pensar coisas positivas para aquela pessoa, desejando que não magoe mais ninguém. Algo assim:

> Total e livremente, perdoo_____ [nome da pessoa]. Absolvo-o(a) mental e espiritualmente. Perdoo tudo ligado ao _____ [assunto em questão]. Estou livre, e ele(a) está livre. E esse sentimento é maravilhoso. Este é o dia em que concedo anistia geral. Absolvo todos os que já me feriram e lhes desejo saúde, felicidade, paz e todas as bênçãos da vida. Faço isso livre, alegre e amorosamente.

Sempre que você pensar naqueles que o magoaram, diga: "Eu perdoei e lhes desejo todas as bênçãos da vida. Estou livre, e eles estão livres também".

Repetindo e mentalizando essa frase com frequência, em pouco tempo você estará mais leve, por se libertar de toda hostilidade que aquilo provocaria ao ser enraizado no inconsciente.

De novo, não há nenhuma força externa com tanto poder sobre você do que a sua própria mente consciente. Ela, portanto, cria o seu destino. Quando contempla um desejo, esse pensamento gera um novo estado de espírito, condicionando o seu mundo a assumir que ele vai ser realizado. Essa certeza atingirá também o inconsciente. No entanto, se houver algum pensamento ou sentimento bloqueador, como mágoa ou raiva, mais dificilmente você chegará lá.

Não gaste tempo e energia brigando com pensamentos sabotadores – em nenhuma hipótese ou circunstância – nem se importe com o que os outros falam, fazem ou deixam de fazer, pois assim você cria confusão mental, irritabilidade e impaciência para persistir em seus sonhos. A mente pode ficar caótica e desgovernada quando não define positivamente o que quer pensar, dizer, fazer.

Sem essa clareza de que nada vai afetar você, além do que decide para si, é aberto o caminho para que a mente se distraia, se contamine com agentes externos negativos, se desvirtue. Alimente-a, portanto, de amor, não de mágoas. Não dê força para inveja, ciúme, vingança, ganância, luxúria, mas, sim, para tudo de bom que deseja daqui para a frente.

TIRE PARTIDO DE PROFECIAS AUTORREALIZÁVEIS

Dr. Quimby, pioneiro das curas mentais e espirituais, viveu e exerceu sua profissão em Belfast, no Maine (EUA), cerca de um século atrás. Um livro citado por vários autores que estudam o assunto é *O manuscrito Quimby*, publicado em 1921 pela Companhia Thomas Y Crowell, editado por Horatio Dresses. Essa obra traz relatos jornalísticos dos resultados alcançados por esse homem notável no tratamento dos doentes com o poder da mente. Phineas Quimby repetiu muitas das curas milagrosas registradas na Bíblia[18].

Em resumo, o método argumentativo utilizado por Quimby consiste no raciocínio espiritual em que se convence o paciente de que a

---

[18]   Informações obtidas em: FERREIRA, Francisco. A ciência e a arte da verdadeira oração. *Saber na rede*, 1 nov. 2014. Disponível em: https://www.sabernarede.com.br/tecnicas-para-despertar-o-poder-pessoal/. Acesso em: 26 fev. 2020.

doença dele se deve a uma crença falsa, a temores sem base e padrões negativos alojados no subconsciente. Ele, então, passa a entender que o mal de que sofre se deve unicamente a um padrão de pensamento destorcido, deturpado, que tomou forma em seu corpo. Essa crença errônea exteriorizou-se como doença e pode ser mudada alterando padrões de pensamento.

> **"SE AS PESSOAS DEFINEM CERTAS SITUAÇÕES COMO REAIS, ELAS SÃO REAIS EM SUAS CONSEQUÊNCIAS."**
> (WILLIAM ISAAC THOMAS)

Essa teoria do sociólogo norte-americano Isaac Thomas foi formulada em 1928. Como exemplo dela, imagine que alguém tem a percepção de que um banco está prestes a quebrar. A notícia se espalha. O que vai acontecer? Os correntistas retirarão suas economias, levando a instituição financeira inevitavelmente à falência.

A profecia autorrealizável funciona dessa forma. Outro sociólogo, Robert K. Merton, em 1948, no livro *Teoria e estrutura social*, afirmou que uma suposição, também chamada de autossugestão, poderia ser confirmada bastando ser acreditada e expressa. Dessa forma, o evento confirma a previsão e vice-versa.

Imagine o perigo disso para quem tem ciúme doentio do cônjuge e medo de ser traído? Já quem pesquisa como se comportam as pessoas que admira pelo seu sucesso está profetizando que sua vida vai seguir o mesmo caminho. As profecias autorrealizáveis se confirmam muito mais do que a gente pensa.

Para ilustrar esse relacionamento circular em um sentido positivo, trago um depoimento pessoal. Houve uma época em que uma voz vivia "martelando" na minha cabeça, afirmando que eu não conseguiria pagar as contas, que não venderia meus produtos e que não iria prosperar. A fim de calar essa voz e seguir trabalhando muito, entregando equipamentos e vencendo, ficava repetindo mil vezes: "Riqueza, saúde e sucesso". Lembro-me de estar no trânsito, dentro do meu carro velho (um Escort na época), gritando essa profecia autorrealizável, mesmo correndo o risco de ser visto como louco pelos motoristas próximos. E hoje tenho riqueza, saúde e sucesso.

Nós nascemos para ter uma vida abundante e feliz! Encontramos dentro de nós mesmos, portanto, riquezas infinitas e tudo mais de que necessitamos para vivermos de glória, abundância e felicidade.

Ao sintonizar sua mente com o infinito, você vai se tornar produtivo e cheio de ideias que lhe levarão ao sucesso e à riqueza material. Ou seja, a sua identificação com essa sintonia o faz rico. Ter essa atitude mental o conduzirá ao sucesso; com essa fé, você acaba por gerar crenças de riqueza e, naturalmente, vai focar nas coisas boas, na abundância, e não na privação.

Não há nada de bom na pobreza. Ela é uma doença mental que precisa ser eliminada do planeta. Você está aqui para encontrar seu verdadeiro lugar na vida e para oferecer ao mundo o seu talento. Nasceu para prosperar e progredir de forma grandiosa, de acordo com os dons que recebeu. Sendo assim, creia com toda convicção em uma vida próspera que você vai conseguir. São essa e outras crenças que fazem a diferença nos resultados.

CASE DE VITÓRIA

O AMIGO RICO

Um proprietário de farmácia me disse em certa ocasião: "Meu amigo também tem uma farmácia, localizada no mesmo bairro que a minha. Ele está vendendo bastante e ganhando muito dinheiro. Acabou de comprar uma casa nova, e eu mal consigo pagar as contas. Qual é o meu problema?".

Expliquei que ganhar dinheiro e prosperar são ações relacionadas muito mais ao pensamento do que ao tipo de negócio. Há pessoas extremamente talentosas que mal conseguem pagar as contas, enquanto outras (muitas vezes, sem talento) ganham dinheiro em qualquer ramo em que atuam. Ensinei a ele, então, um método simples, que detalharei a seguir. O rapaz seguiu o que eu disse à risca e prosperou muito nos dois anos seguintes. Hoje, possui quatro farmácias.

Vigie, portanto, sua comunicação e seus pensamentos. Jamais faça afirmações negativas sobre sua situação financeira. Quando tiver um pensamento negativo, substitua-o imediatamente por "**riqueza**, **saúde** e **sucesso**". Repita várias vezes até que o pensamento negativo vá embora.

Durante o dia, tenha o costume de repetir mentalmente: "Deus está sempre ao meu lado, me ajudando a superar todas as dificuldades, me orientando e me guiando de forma que eu possa prosperar tremendamente".

Na cama, ao acordar e antes de dormir, repita esta frase sete vezes: "Agradeço a Deus por suas riquezas presentes em minha vida".

CRIE OS PRÓPRIOS MANTRAS DE PROSPERIDADE

Para criar mantras realmente poderosos e que o levarão a novos patamares, é preciso fazê-los com emoção e com o coração.

Faça sua parte, cultivando bons pensamentos e sentimentos com mensagens de fé, coragem e harmonia, enquanto deixa o seu desejo trabalhar dentro de você. Então, não será necessário preocupar-se com o *como*, *onde*, *por que* e *qual* o meio. Basta saber que o efeito virá, seja você com sua família feliz, seja você trabalhando naquele lugar dos seus sonhos.

AS PESSOAS ESTÃO ACOSTUMADAS COM A DITADURA DO COMO. NO ENTANTO, PARA QUEM TEM UM PORQUÊ, O COMO SEMPRE APARECE. A SUA MENTE INCONSCIENTE VAI TRAZÊ-LO ATÉ VOCÊ.

Foque o seu objetivo, imaginando-se lá, sem se prender aos detalhes de como chegar ao seu destino. Visualize como se você já estivesse onde quer estar. Alegre-se em se ver possuindo aquilo que almeja; exercite sua mente a visualizar um futuro próspero e vitorioso. A imaginação, quando é fortalecida pela sua certeza de que terá o objetivo alcançado, faz o Universo conspirar a seu favor, fornecendo os meios que o conduzirão até onde quer chegar. Acredite verdadeiramente que vai acontecer... e acontece, simples assim!

CAPÍTULO 8

SONHOS, REALIZAÇÃO E A IMPORTÂNCIA DE TERMOS METAS CLARAS

"Escreva em tábuas a visão que você vai ter, escreva com clareza o que vou lhe mostrar, para que possa ser lido com facilidade".

(Habacuque 2:2)

Um dos passos mais importantes em direção ao sucesso pessoal é ter metas claras e que nos direcionem à realização de nossos sonhos.

É muito comum deixarmos de sonhar por receio de nos frustrar ou nos decepcionar, e o dia a dia também não contribui para que nossos sonhos tenham um lugar especial em nossos planos. Saiba que tão importante quanto sonhar é ter objetivos claros que o levarão a concretizar tudo o que deseja

O que você gostaria de ter para si? Qual é a vida que imagina para o seu futuro ou para o futuro dos seus filhos? Como você gostaria de estar vivendo hoje?

Sonhos são individuais e instransferíveis; ninguém poderá sonhar por você e é começando agora mesmo a mudar que você estará em direção a um destino mais próspero.

No âmbito financeiro, profissional, amoroso ou social, acorde todos os dias disposto a agir, enxergando um futuro melhor para si e tendo algo a perseguir. Você pode até achar que não consegue mais sonhar, ou que seus sonhos se perderam no passado. No entanto, eu peço que você recorra à sua memória e se veja novamente como criança. Quais dos seus maiores sonhos se perderam? A sua criança se orgulharia do adulto que você se tornou? Saiba que essa criança está viva em seu interior. Converse com ela e reviva esses sonhos, adequando-os para sua realidade.

A CONSCIÊNCIA DO ESTADO ATUAL (EA) E DO ESTADO DESEJADO (ED)

A partir de agora, convido você a mapear seu Estado Atual (EA) e seu Estado Desejado (ED). Isso o ajudará, entre outras coisas, a enxergar em quais aspectos é capaz de mudar por conta própria, valorizando a sua visão de mundo e o que quer para si – e não o que os outros dizem que deva querer.

O Estado Atual está relacionado à maneira na qual você está vivendo; o Estado Desejado, por sua vez, é o que você gostaria de estar vivendo, ou seja, o que não é a sua realidade. Se estivéssemos falando de dois pontos distintos em um mapa, poderia dizer que o EA é o ponto X, no qual me encontro, e o meu destino é o ponto Y, ou o ED. A distância que será percorrida nessa metáfora é o que determina o nível de dificuldade entre um e outro. O ponto principal no mapeamento desses estados é, sem dúvida, saber para onde estamos indo, o que desejamos para nossa vida e como gostaríamos que ela estivesse.

Romancista, fabulista, poeta, desenhista, fotógrafo, matemático e um fascinante escritor, Charles Lutwidge Dodgson, também conhecido como Lewis Carroll, foi preciso quando desenvolveu uma das maiores histórias do mundo fantástico e que permanece atual. *Alice no país das maravilhas* nos traz uma reflexão interessantíssima quando a protagonista encontra o Gato de Cheshire em cima de uma árvore. Ela, que está perdida, indaga: "O senhor poderia me ajudar?". E ele responde: "Claro".

Alice pergunta ao Gato para onde vai a estrada na qual os dois se encontram, e ele, prontamente, lhe questiona: "Para onde você quer ir?". Alice, ainda perdida, diz que não sabe, que está perdida. O Gato, então, afirma: "Para quem não sabe para onde vai, qualquer caminho serve".

Mesmo sendo um livro infantojuvenil, a reflexão feita por Cheshire é a de que não nos damos conta de que estamos sem rumo e perdidos em alguns momentos, sem saber para onde devemos seguir nem como planejar os próximos passos. Em suma, ficamos reféns do acaso. Quem não sabe para aonde vai, acaba pegando qualquer caminho para chegar a lugar nenhum – ou, pior ainda, segue por uma trilha que o levará aonde sempre temeu estar.

MAPEANDO O SEU EA

Separe um caderno ou folha de papel para responder às próximas perguntas. Peço que seja sincero consigo mesmo para que possa enxergar com clareza o seu Estado Atual. Convido você a fazer este exercício para todas as áreas da sua vida acessando o QR code a seguir.

Aqui trago como exemplo questões para você refletir a respeito da área profissional de sua vida. Responda-as:

- Qual é sua ocupação atual?
- Está feliz e satisfeito com ela?
- Quais são os seus rendimentos atuais?
- O que você mais gosta de fazer no dia a dia de seu trabalho?
- O que menos gosta de fazer no dia a dia de seu trabalho?
- O que faz você se sentir vivo?
- E o que o(a) deixa no piloto automático?

MAPEANDO O SEU ED

Em seguida, para mapear o Estado Desejado, é preciso descobrir qual é o seu sonho na área analisada. Sonhar com grandeza não é difícil, porque significa pensar em coisas boas que vão compor seu objetivo e imaginar como será gostoso concretizá-lo. Ainda em seu caderno ou folha de papel, responda às perguntas a seguir para descobrir aonde quer chegar:

DECIDA VENCER | 115

- O que mais deixa você alegre, empolgado(a)?
- O que você faz que o deixa com a sensação de ser invencível?
- O que faz outras pessoas serem gratas a você?
- O que você realiza muito bem? Ou seja, quais são seus dons mais valiosos?
- Quem são seus mentores ou aquelas pessoas que considera inspiradoras e exemplos de vida? Por quê?
- Se pudesse ter qualquer coisa que quisesse, o que você teria?
- Se pudesse fazer qualquer coisa que quisesse, o que você faria?
- Como gosta de ajudar os outros e de que forma consegue ser mais útil a eles?
- Quando foi a última vez que você não conseguiu dormir por causa da sua empolgação a respeito de um trabalho ou projeto? Que trabalho foi esse?
- Se você tivesse certeza de que poderia se sustentar explorando sua criatividade, o que estaria criando e compartilhando com o mundo?
- Fora das suas atuais obrigações no trabalho, o que você faria de graça e com todo seu amor?
- Quais carreiras/atividades profissionais/trabalhos sonharia em ter?
- Se as pessoas que você tem como referência profissional e financeira trabalham, gostaria de seguir a mesma carreira delas ou atuar com algo parecido ao que elas fazem?

O passo seguinte é nomear três a cinco trabalhos/carreiras dos sonhos que você imagina que estão de acordo com o que acredita, com seus valores pessoais. Com essa lista, falaremos a seguir sobre a tangibilização de nossos sonhos.

Se você ainda não sabe por onde começar, qual é o seu propósito, o que fazer para ganhar dinheiro, repita esta meditação sete vezes antes de dormir:

> **PRECE MEDITATIVA**
> Inteligência infinita, conceda-me a graça de mostrar a mim melhores maneiras de servir aos meus semelhantes. Isso será o suficiente para que eu prospere extraordinariamente.

A grande maioria dos meus alunos da Imersão PoderosaMente,[19] depois de fazer a prece meditativa da inteligência infinita por quatro a cinco semanas, consegue achar um caminho diferente na vida. Essa meditação ajuda a direcionar a mente e a alma com foco e propósito. Nos momentos de maiores dificuldades, eu também fazia essa prece e funcionava.

COMO TRANSFORMAR SEU ED EM METAS ATINGÍVEIS

Antes de passarmos para a parte prática, gostaria de perguntar a você: o que é uma meta? Desejos são metas? E nossas vontades? E as tarefas às quais devemos nos dedicar?

A resposta é: não!

Metas são objetivos quantificados e devidamente especificados que levam a um propósito final mais amplo. Elas são temporais e estão conec-

---

[19] Para conhecer mais sobre a Imersão PoderosaMente® – Vencer Capacitação, acesse: www.poderosamente.com.br.

tadas a prazos mensuráveis. Isso mostra que, quando falamos, por exemplo, "ano que vem vou cuidar mais da minha saúde" ou "semestre que vem vou implantar ideias na equipe de vendas", não estamos nos referindo a metas, mas, sim, a vontades e desejos que temos em nós mesmos.

Saiba que é possível, sim, traçar metas em direção ao seu sonho com muito estudo, informações, ferramentas e metodologia adequada.

Uma das ferramentas mais conhecidas na organização de metas é chamada SMART: *Specific* (específica), *Mesurable* (mensurável), *Achievable* (alcansável), *Relevant* (relevante) e *Time-Based* (temporal). Amplamente estudada e divulgada, ela deverá ser **detalhada**, **controlada**, **possível**, **motivadora**, **determinada** e **harmônica**.

A seguir, dou exemplos práticos para você entender cada uma das características dominantes da meta.

ESPECÍFICA (*Specific*). Exemplo: "Quero comprar uma casa". Quando você pensa em uma meta específica (no caso da aquisição de um imóvel, por exemplo), é preciso saber: onde fica, o tamanho, quantos cômodos, o valor, se será construído ou adquirido pronto etc. Sem detalhes, não terá como dar o primeiro passo, que, neste caso, pode ser pesquisar ofertas nas imobiliárias. Se refizermos a meta, ficamos com algo parecido com: comprar uma casa na zona leste da cidade, com três quartos, sendo uma suíte, com churrasqueira, duas vagas na garagem, pátio amplo com espaço para dois cachorros brincarem, supermercado e comércio de bairro próximos e no valor máximo de R$ 600 mil.

MENSURÁVEL (*Measurable*). Consiga medir e controlar a meta sobre a qual está falando. Por exemplo: "Quero diminuir as despesas da casa".

Para isso, será necessário:

- **Criar uma maneira de medir a economia da casa,** determinando o valor que deverá ser poupado com base no gasto total dos integrantes da família.

- **Verificar se a meta está apenas no seu controle.** Caso você seja o único morador da casa, essa meta está no seu controle. No entanto, digamos que tenha um cônjuge e ele esteja pensando em gastar um dinheiro extra com reparos na cozinha. Vocês deverão entrar em um acordo, ou então será necessário rever o que está dentro do seu controle para cumprir a meta estabelecida.

ALCANÇÁVEL (*Achievable*). Neste tópico, eu me refiro às metas que são alcançáveis dentro do prazo estipulado. Não adianta colocar metas as quais você sabe que não são possíveis de cumprir, pois, assim, só se sentirá desmotivado e frustrado. Se forem ousadas demais para o momento, divida-as em submetas, mas é importante não superestimar sua capacidade. Se sua meta é ser promovido a diretor nacional da empresa em cinco anos, podemos dividir o grande objetivo em submetas, como mostrado a seguir:

- **Primeira submeta:** ser promovido a diretor da unidade em um ano.
- **Segunda submeta:** ser promovido a diretor local da empresa em dois anos.
- **Terceira submeta:** ser promovido a diretor regional da empresa em três anos.

RELEVANTE ou MOTIVADORA (*Relevant*). Não determine metas que não o desafiem, que não exijam nenhum esforço. Um exemplo é especificar uma meta de vendas que você já sabe que vai atingir. Não precisa estipular um percentual impossível. Se você acredita, por exemplo, que um aumento de 15% nas vendas é desafiador, mas possível de atingir, então essa meta será motivadora. E, claro, você fará o necessário para alcançá-la.

TEMPORAL (*Time-Based*). É preciso que suas metas tenham data determinada para acontecer, ou seja, um prazo estabelecido. É importante destacar aqui que muitas pessoas temem se comprometer com esse aspecto por acreditarem que, se não atingirem a meta naquele tempo, vão se frustrar. Acontece que, se não estipularmos prazos específicos, adiaremos eternamente o que precisa ser feito, pois o ser humano tende à zona de conforto. Para sair dela, é necessário empregar energia; portanto, determine um tempo para concretizar o que planeja. Caso perceba que não conseguirá cumprir com o planejado, reveja a meta e o prazo e siga dando os passos em direção ao seu objetivo.

Para fecharmos este tópico, gostaria de adicionar um item de responsabilidade única: **METAS HARMÔNICAS**. Ser harmônica significa que deve fazer **bem a você e a todos ao seu redor**. Para ter certeza de que a sua meta é harmônica, faça a si mesmo as seguintes perguntas: "Essa meta traz harmonia para minha vida e para a das pessoas à minha volta?"; "Ela está descrita de forma positiva?"; "Ao realizá-la, além de mim, mais gente sairá ganhando?".

A base do equilíbrio é buscar a harmonia entre todas as áreas da vida. De que adianta conquistar uma meta se ela trará infelicidade para aqueles que são importantes para você? Pense nisso e encontre uma maneira de conquistar o que deseja **sem prejudicar o que você já tem de bom**.

EXERCÍCIO[20]
CRIE SEU MURAL DE METAS E OBJETIVOS (MMO)

---
[20] Inspirado no Mural da Vida Extraordinária, ferramenta criada por Paulo Vieira.

DECIDA VENCER | 121

A imaginação é uma de nossas forças mentais mais poderosas. Tínhamos de sobra quando éramos crianças, mas fomos perdendo à medida que as coisas já chegavam prontas até nós. É hora de resgatar essa ferramenta, por ser essencial para você se projetar no patamar vitorioso que quer estar.

Agora que definiu o seu ED e o mapeou em cada área da sua vida, proponho este exercício para facilitar a mentalização do que será imprescindível para você agora.

- Em uma folha de papel, escreva o Estado Desejado em cada uma das áreas da sua vida e separe.
- Estabeleça prazos específicos para cada uma delas, separando-os também.
- Na internet, pesquise fotos e imagens que representam os seus objetivos. Importante: dedique tempo a esta etapa, para selecionar apenas as fotos com as quais você verdadeiramente se identifica.
- Imprima as fotos escolhidas e cole-as em um mural grande, que pode ser de cartolina ou outro material que você prefira.
- Ao lado de cada uma, cole os objetivos que você já selecionou e também os prazos que estipulou.
- Deixe o mural em um lugar visível, onde você possa ver todos os dias.
- Diariamente, separe um tempo para visualizar detalhadamente cada foto do mural. Feche os olhos e veja mentalmente cada uma das imagens, imaginando a cena, sentindo-se naquele momento de vitória e potencializando a vontade e a determinação de realizar uma a uma as metas projetadas.

BÔNUS

Quer criar o seu plano de ação para atingir as suas metas? Acesse este QR code e receba a ferramenta que desenvolvi, com um vídeo explicativo que utilizo na Imersão PoderosaMente.

EXERCÍCIO
PROFETIZE E TENHA UM DIA EXTRAORDINÁRIO

O horário mais indicado para realizar este exercício é logo depois de acordar. Em frente ao espelho, olhe nos seus olhos, chame-se pelo nome e agradeça a Deus pelo dia que se inicia. Em seguida, profetize positivamente na sua vida tudo de bom que deseja nas próximas 24 horas:

*Eu profetizo que o meu dia de hoje será o **melhor dia de minha vida** até então. Eu profetizo que a minha casa vai ser sempre uma **casa de luz e paz**. Eu profetizo que vou **prosperar financeiramente** como eu jamais prosperei. Eu profetizo que os meus **relacionamentos vão ser de respeito e de amor** e que isso será recíproco. Eu profetizo que a **minha saúde está sendo restaurada agora**: cada célula, cada órgão, cada parte do meu corpo estão sendo restaurados agora.*

CAPÍTULO

TENHA PARCEIROS PARA A VIDA TODA

*"Em todo o tempo ama o amigo e
para a hora da angústia nasce o irmão."*

(Provérbios 17:17)

Todos os seus relacionamentos, seja no âmbito particular, social, familiar, seja na esfera pública, incluindo aqueles que você faz no ambiente de trabalho e na rua, tendem a favorecer as suas realizações.

Em um mundo ideal, devemos surpreender positivamente as pessoas com as quais temos contato. Por essa razão, eu lhe pergunto: você está sempre disposto a causar uma boa primeira impressão, a surpreender cada um que encontrar na rua ou proporcionar uma experiência diferente a alguém?

Imagine acordar de manhã, olhar-se no espelho e dizer a si mesmo: "Hoje, para cada um que eu encontrar, vou proporcionar uma experiência memorável". Pode ser com um sorriso, com empatia, com o olhar interessado ou, ainda, com algum sentimento muito bom que você transmita – seja ele de esperança, seja de positivismo, por exemplo.

Que tal, então, mentalizar que vai dedicar alguns minutos à primeira pessoa que encontrar quando chegar ao trabalho? Em vez de entrar correndo e ir para a sua mesa, aperte a mão de um colega com simpatia, deseje um bom-dia com amor nos olhos e surpreenda sendo gentil e agradável.

Comece causando impressões positivas na vida de quem está mais próximo de você, sempre com educação, gentileza, carinho ou alegria. Se isso virar verdadeiramente um hábito, se conseguir moldar sua personalidade ao ponto de impactar positivamente aqueles que estão ao seu redor, você também sentirá os efeitos dessas ações.

Foi apenas aprendendo a agir assim que consegui seguir em direção ao meu sucesso pessoal. Deixe sua marca para aqueles que o rodeiam e sentirá a força positiva que estará em volta de você.

FORME E FORTALEÇA ALIANÇAS

Não existem bons relacionamentos sem uma base forte de confiança, conexão e empatia. Em uma conversa informal, escute e entenda o que o outro está tentando lhe dizer. Em uma negociação, faça perguntas-chave e mostre interesse ao que o interlocutor está dizendo.

No âmbito profissional, quando aprendemos a escutar e dar valor às aspirações dos outros, conseguimos colaboradores mais engajados e temos um ambiente mais apropriado para o desenvolvimento dos negócios. Não conquistamos pessoas com autoritarismo, mas, sim, com liderança responsável e preocupação com o que é importante para quem está do outro lado.

Com clientes, você deverá se mostrar alguém confiável antes de tentar vender o seu produto. Pessoas querem se relacionar com pessoas, isto é, primeiro, o relacionamento, depois a venda.

NINGUÉM FAZ NEGÓCIO COM QUEM NÃO CONFIA. ANTES DE OFERECER QUALQUER SERVIÇO OU NEGOCIAÇÃO, VOCÊ PRECISA TER A ATENÇÃO E A CONFIANÇA DO INTERLOCUTOR, TRANSFORMANDO O RELACIONAMENTO EM UMA ALIANÇA.

Se em toda sua trajetória você vem causando boas impressões e se mostrando alguém confiável e de valor, será favorecido.

OBTENHA APOIO DE PESSOAS PRÓSPERAS

Desde os meus primeiros atendimentos na época em que eu era autônomo, chegava com sorriso no rosto e disposição para escutar e dava um aperto de mão que passasse confiança. Depois, realizava um serviço bem-feito e deixava uma boa impressão fazendo algo a mais (sem cobrança extra). Pronto, estava criada uma experiência positiva que me traria como retorno, por exemplo, uma propaganda boca a boca sobre meu trabalho.

Um dos efeitos desse jeito de agir foi que várias pessoas quiseram me ajudar a crescer. Ninguém enriquece sem apoio. Se você está decidido a ser vitorioso, precisa considerar que vai precisar de gente à sua volta – principalmente quem já está em um patamar mais próspero que o seu.

QUANTO MAIS DINHEIRO UMA PESSOA TEM, MAIS QUER TER POR PERTO INDIVÍDUOS DE CONFIANÇA, A QUEM POSSA SE ALIAR.

Nós devemos ser honestos e sinceros no trato com o outro nos mínimos detalhes. Além disso, quando você tiver chance de tomar um café com alguém, sempre pague a conta. Não perca essa oportunidade, não seja escasso!

Crie também o habito de respeitar o tempo do outro: procure não deixar ninguém esperando; se estiver almoçando ou mesmo tomando um café com alguém, evite terminar depois do seu convidado, para não o fazer esperar você acabar a sua refeição.

No país em que vivemos, se você fizer o mínimo, já se destaca. Se apertar a mão de uma pessoa com convicção, olhar nos olhos dela, manter um sorriso no rosto, trabalhar mais do que a sua obrigação, ser reto com valores, você chama atenção e surpreende.

Indivíduos ricos querem gente assim por perto, e, acredite, se existe alguém que pode lhe ajudar a prosperar são aqueles que têm mais dinheiro do que você.

CUMPRA PRAZOS, MAS, SE NÃO PUDER, SEJA SINCERO COM QUEM ESTÁ DO OUTRO LADO

Imagine a seguinte situação: você é dono de um negócio e está passando por uma fase difícil em que o dinheiro não está entrando; assim, também não poderá pagar seus fornecedores. Em uma aliança com base em credibilidade e confiança, a melhor situação nesse momento é deixar claro aos seus parceiros que se importa com o trabalho deles e que fará o possível para quitar a negociação de acordo com o que é possível.

Isso significa não apenas mostrar que seus fornecedores podem confiar em você, mas também que é um bom parceiro para negociações futuras e que existe caráter em suas atitudes. Imprevistos acontecem, problemas acontecem. O que fará realmente a diferença é a maneira como você lidará com cada um deles e como os terceiros receberão isso do outro lado da mesa.

HONRE PARA SER HONRADO

Quando você honra alguém, torna o seu caminho fértil. Para mim, isso significa reconhecer os valores de quem está ao seu lado e respeitar as individualidades de cada um. É preciso honrar nossos pais, irmãos, amigos, clientes, colegas de trabalho, cônjuges e filhos. Dessa maneira, respeite, reconheça e valorize cada uma das conexões que você possui em sua vida.

HONRAR É DIVINO E FAZ PROSPERAR,

PORQUE ABENÇOA SEUS ATOS. ASSIM COMO O PRINCÍPIO DA DESONRA, AO CONTRÁRIO, AMALDIÇOA.

Se você tem encontrado muitas portas fechadas, talvez valha a pena observar como vem agindo em relação ao princípio da honra. Ele é amplo e direta ou indiretamente envolve pessoas. Então, honre o trabalho que realiza a alguém fazendo com amor. Honre as palavras que profere e os compromissos que assume.

Portanto, paguem ao governo o que é devido. Paguem todos os seus impostos e respeitem e honrem todas as autoridades.

(Romanos 13:7)

Ainda sobre relacionamentos, sabemos que os criar é fácil, mas o importante é mantê-los para a vida toda. Dessa forma, vamos respeitar, reconhecer e valorizar cada pessoa. Honrar é uma atitude – a falta dela tem feito crescer conflitos que afundam empresas, casamentos, relações entre pais e filhos, amizades e por aí vai. Muitas famílias acabam destruídas porque seus membros não honram uns aos outros.

Quando você honra alguém, torna o seu caminho fértil. Para mim, isso significa reconhecer a unção de Deus. A Bíblia diz que os filhos devem honrar os pais. Mesmo que você não siga uma religião cristã, deve honrá-los, acima de tudo, porque eles lhe deram a vida.

Seus chefes no trabalho, professores, pais têm uma marca de autoridade que deve ser honrada. Desonrá-los difamando-os, destratando-os não levará você a um caminho fértil de realizações. Eles não são perfeitos, estão longe disso, mas lhe deram vida, emprego, conhecimento.

Isso não significa que precise concordar com tudo que vem dessas pessoas. Seu pai pode ser o mais problemático do mundo, mas tem sobre ele a unção de Deus e a autoridade da paternidade. Quando você honra, o Senhor também o honra.

FAÇA DO AMOR
SEU MAIOR ESCUDO

Eis um sentimento que vai defendê-lo sempre. Quando falar com alguém, transmite amor. Mesmo se perceber uma reação pouco amigável, transpareça com seus olhos que você prefere manter-se nessa sintonia mais positiva. Silenciosa e mentalmente, diga a si mesmo que da sua parte existe amor.

Vai passar por entrevista de emprego? Visitar cliente? Conhecer o novo parceiro em um projeto? Trate a todos com amor, olhando nos olhos, doando seu sorriso, expressando alegria por estar ali, sentindo que aquele ser na sua frente quer ser feliz igual a você, ter bons relacionamentos, ganhar dinheiro.

Em todas as situações, até mesmo quando tiver uma conversa difícil com um familiar ou chefe, procure manter-se nesse eixo mais positivo e afetuoso. É para o seu próprio bem, pois cria uma aura em torno de si que é protetora. As pessoas se identificam com quem expressa amor por elas.

Nós somos incentivados a ser muito críticos, aprendendo a sempre ressaltar o lado negativo de tudo, por isso, se não estiver encontrando esse amor dentro de si para transmitir aos outros, observe as situações com olhar positivo, enxergando o lado bom de cada coisa e pessoa. Sendo assim, eleve o amor-próprio e a autoestima, treine a sua percepção ce enxergar o que muitas vezes ninguém está vendo; assim, você estará plantando sementes dentro de si para o amor mais universal.

Como reforço, é interessante ficar mais próximo de quem também transmite amor, para ser contagiado. Isso é tão verdadeiro que, ao conhecer alguém, você já imagina como são aqueles com quem ele se relaciona.

Em qualquer relação, usar o amor é fundamental, inclusive para seu desenvolvimento financeiro, para ter realizações, abrir caminhos e obter colaboração. Porque as pessoas, no fundo, querem ser amadas. Você não precisa economizar amor, pois é um recurso ilimitado. Basta plantá-lo.

Para ilustrar, conto a seguir uma história inesquecível, narrada pelo meu avô, já falecido.

Um rapaz dirigia por uma estrada de chão batido até que avistou uma cidade pequenina e que parecia deserta. Na rua principal, encontrou um armazém de aparência antiga, com fachada de madeira. Curioso, parou o carro e entrou. Havia um longo balcão, com um senhor atrás dele. Ao perguntar o que era vendido ali, ouviu:

— Pois não. Naquela estante tem amor para vender, mais à direita felicidade, mais à esquerda carinho — dizia o senhor, solícito, apontando para várias direções.

*O rapaz ficou encantado e fez uma compra grande, esco-
lhendo um monte de "produtos" disponíveis, como carinho, felicidade, amor, sucesso e compreensão.*

*Depois de terminar o pedido, o senhor do outro lado pediu
que o rapaz aguardasse enquanto embrulhava; contudo, voltou
com uma embalagem do tamanho de uma caixa de fósforos.
O rapaz, surpreso, indagou:*

*— Meu senhor, comprei tantas coisas. Como caberia tudo
aqui?*

*— Aqui, eu só vendo sementes. Você vai ter de plantar tudo
isso para que nasça e cresça o que deseja.*

Moral da história: se você quer amor, carinho, felicidade, compreensão e sucesso, deverá plantá-los primeiro. Quem planta e cuida terá uma
colheita maravilhosa. Não existe fórmula ideal para o sucesso, ele come-
çará no amor ao próximo, no cuidado com a natureza, na alegria de viver
e nas pequenas atitudes que você tem diariamente. É preciso ser feliz
para ter sucesso, e não ter sucesso para estar feliz. A felicidade está na
caminhada, não na chegada.

EXERCÍCIO

AFIRMAÇÕES POSITIVAS

Continue olhando para o espelho e fale em voz alta quinze características
positivas suas (se quiser, tenha-as escritas numa folha de papel), começando por: "Eu sou..." (por exemplo: "Eu sou feliz. Eu sou inteligente. Eu
sou capaz...").

CRIE CÍRCULOS DE CONFIANÇA EM CASA

A sua postura desde quando acorda e interage com a sua família é mais importante do que parece na sua trajetória de sucesso. Quem não faz pela casa não vai fazer pela rua. Você precisa levar em consideração que, antes de ter uma vitória pública, prosperar, trabalhar, ganhar dinheiro, o ponto de partida são as vitórias pessoais. A primeira é tornar-se um ser humano melhor, aprimorando seus hábitos, sua visão de mundo e comunicação.

A segunda vitória é unir a família, estabelecendo laços fortes de confiança, cumplicidade e apoio com seu cônjuge e outros membros. Só depois é que você vai conseguir ser plenamente vitorioso. E mesmo quem está solteiro tem uma família para estabelecer relações de confiança.

NÃO EXISTE SUCESSO COM SOLIDEZ SEM SUCESSO NA VIDA PESSOAL E FAMILIAR.

Todos nós desejamos relacionamentos duradouros e afetuosos – tanto em família quanto fora de casa. Somos seres sociáveis, queremos ser queridos e admirados por termos sucesso, mas, sobretudo, pelo que somos. Obter isso não é sorte. Exige tempo, energia, carinho, cuidado, doação.

No caso da pessoa que escolhemos para amar, o nosso relacionamento é facilitado se ela tiver valores semelhantes aos nossos. Com a minha esposa, preciso manter viva a chama que nos uniu com alegria, gentilezas, surpresas de amor, ações que a faça se sentir a mulher mais especial do mundo. Faço isso também em relação aos nossos filhos.

Sou humano e imperfeito, mas me empenho para estarmos sempre em harmonia, e assim me sinto vitorioso. E um apoia o outro incondicionalmente. Tudo isso favorece que eu seja mais realizado fora de casa também e me relacione melhor com os outros.

Termino este capítulo com uma das perguntas mais importantes para você se fazer: "Quantos parceiros para a vida toda eu tenho?".

CAPÍTULO

ASSUMA AS SUAS RESPONSABILIDADES

"Não se enganem: ninguém zomba de Deus.

O que uma pessoa plantar, é isso mesmo que colherá."

(Gálatas 6:7)

Você já se pegou responsabilizando os seus problemas pessoais a eventos externos dos quais não tem controle? Por exemplo: "Se tivesse nascido rico, teria mais oportunidades na vida e estaria em um emprego melhor". Ou então: "Se não dependesse da minha equipe, teria resultados espetaculares em meu trabalho". E, até mesmo: "Se minha esposa me tratasse com mais carinho e não reclamasse tanto, eu seria mais bem-humorado no dia a dia".

Todas essas pequenas afirmações tiram de nossa responsabilidade os problemas com os quais estamos lidando e nos fazem depositar no próximo ou em algum evento externo o que deveria ser nossa responsabilidade. A isso damos o nome de lócus de controle, isto é, a expectativa que cada indivíduo tem em relação à sua capacidade de controlar ou não os acontecimentos, conforme propôs

Julian Rotter, psicólogo norte-americano, em um artigo chamado *Psychological Monographs*.[21]

O lócus de controle influencia a atitude de cada ser humano – tanto em aspectos importantes quanto corriqueiros. Você, assim como eu, portanto, tem um lócus de controle agindo em sua mente o tempo todo, já que toma decisões desde a hora que acorda.

Interno e externo fazem referência a nós mesmos e ao que não controlamos, respectivamente. É claro que não conseguimos controlar tudo, mas adaptar-nos às situações olhando para nós mesmos antes de culpar o próximo é o diferencial no nosso desenvolvimento pessoal.

Seja capaz de reagir aos acontecimentos que não estão sob seu controle, a fim de manter sua decisão de alcançar vitória, e escolha como vai se comportar em cada circunstância. Você é dono da sua vida e tem total controle sobre ela.

CONCENTRE-SE NO QUE ESTÁ SOB SEU COMANDO

Stephen R. Covey, escritor norte-americano e autor do best-seller *Os 7 hábitos das pessoas altamente eficazes* (Best Seller, 2017), batizou a relação de proporção entre os acontecimentos que dependem ou não das circunstâncias de Princípio 90/10. Para ele, apenas 10% dos acontecimentos ao nosso redor é inevitável; os outros 90% são fruto de nossa interpretação do que ocorreu – e, consequentemente, das nossas decisões com base nisso.

---

[21] COLETA, J. A. D. *A escala de locus de controle interno-externo de Rotter*: Um estudo exploratório. Biblioteca digital: FGV, São Paulo. Disponível em: http://bibliotecadigital.fgv.br/ojs/index.php/abp/article/viewFile/18248/16995. Acesso em: 13 mar. 2020.

Definir de maneira clara o que está sob nosso controle e como vamos agir em resposta ao que nos acontece é o que nos fará seguir em direção à vitória. Devemos reagir aos fatos com responsabilidade, apropriando-nos do papel e da caneta que vão registrar a nossa própria história de vitórias.

Tirar uma boa nota em uma prova depende apenas da sua dedicação aos estudos, e não da bondade do professor. Ter um casamento que permanece em harmonia e sem brigas depende da maneira como lida com cada situação que acontece dentro da sua casa. Construir uma relação amorosa com seus filhos está proporcionalmente relacionado ao carinho que você dedica a eles.

Percebe? Não devemos responsabilizar os outros para questões que devemos lidar com nós mesmos. Usar o lócus externo é dizer: "Pena, o poder não está comigo". Usar o lócus interno é dizer: "Oba, o poder está comigo".

Não crie desculpas, não justifique. Avalie cada situação individualmente e defina: é um acontecimento inevitável ou apenas a minha interpretação dos fatos? Tenho controle de determinada situação ou ela está completamente fora do meu alcance? Posso mudar algo em relação a isso? O que essa ação me ensinará?

Interprete, protagonize e construa. Esse é momento e estamos juntos nessa jornada.

AS *PESSOAS VITORIOSAS*
QUEREM PASSAR PELO MUNDO
DEIXANDO A SUA MARCA, SEU LEGADO,
SENDO INESQUECÍVEIS.

QUANDO VOCÊ
FAZ A DIFERENÇA?

Quando acredita que as vitórias dependem de você, não fica à mercê de nada nem de outrem. Há pessoas que chegam ao ponto de responsabilizar até Deus, dizendo: "É porque Deus não quer. Ele não me ajuda".

Quando ouço de um aluno "quando Deus quiser", eu rebato: "Amigo, sua vida vai mudar quando você quiser. Porque Deus já quer. Ele quer que você prospere, realize seus sonhos, viva um casamento maravilhoso, tenha filhos sadios e respeitosos. Agora, você ainda não tem tudo isso porque não quer. Não seja preguiçoso! Levante da cadeira e vá trabalhar!".

A sorte, o clima, a empresa, o chefe, o governo etc. podem não mudar, mas convém encerrar as reclamações, que não o fazem avançar no jogo da vida. Trazer novas ideias, sim, pode fazer a diferença. Outra mania a ser cortada é a de enxergar o lado negativo das coisas. É sua escolha ver o copo meio cheio ou meio vazio.

Saiba ainda que há uma relação direta entre empoderamento e recompensa. Ficou famosa a história do neuropsiquiatra austríaco Viktor Frankl, sobrevivente de um campo de concentração nazista, contada em seu best-seller *Em busca de sentido* (Vozes, 2017). Ele, criador da logoterapia, escreveu que tudo pode ser tirado de uma pessoa, exceto a liberdade de escolher sua atitude diante de qualquer circunstância da vida. Esse entendimento o fez sobreviver a uma experiência traumática, complexa e desumana.

Para quem quer mudar de vida, vale inspirar-se em histórias de superação – na de Viktor Frankl, por exemplo – para eliminar maus hábitos como o de se vitimar, de se esconder das obrigações, de criticar e julgar, de encobrir os erros, de reclamar ficando de braços cruzados.

QUANDO ACREDITA QUE AS VITÓRIAS
DEPENDEM DE VOCÊ, NÃO FICA
À MERCÊ DE NADA NEM DE OUTREM.
NÃO HÁ NADA QUE LHE POSSAM FAZER
DE NEGATIVO SEM QUE VOCÊ PERMITA.
O poder sobre a sua vida está em suas mãos. Use-o.

EXPLORE O GATILHO MENTAL DA RECIPROCIDADE

Boa parte do sucesso também está relacionada à conduta de estar sempre um passo à frente, fazendo algo além de nossas obrigações diárias. Isso significa esforço e dedicação.

É POR ISSO QUE EU SEMPRE DIGO:
ENTREGAR MAIS DO QUE É ESPERADO
DE NÓS DÁ UMA SORTE DANADA.
Algo muito simples pode gerar oportunidades maiores lá na frente.

Muitos profissionais poderiam ganhar mais se conseguissem entender o gatilho da reciprocidade, que funciona como a lógica de se entregar um brinde aos clientes, uma excelente estratégia do marketing para prestação de serviços.

Por que existe o brinde? Está cientificamente provado que ele ativa o gatilho mental da reciprocidade, tornando quem recebe muito mais propenso a retribuir a gentileza de alguma forma. A uma dentista que precisava aumentar sua clientela, orientei que ofertasse algo a seus pacientes no momento em que desse a eles seu cartão de visitas. Ela, então, passou a entregar um kit personalizado a cada um, com pasta e escova de dentes, junto com três cartões. E dizia: "Se puder, indique meu trabalho".

Funcionou! Hoje, com a agenda lotada, ela conseguiu mais clientes por indicação e por prestar um bom trabalho. Isso é difícil? Não. Precisa ser algo caro? Também não.

Dei a mesma orientação a uma médica que atendi em consultoria. Depois de agradecer por tê-la escolhido como sua médica, entregava a quem atendia um conjuntinho de três barras de cereais, com um *flyer* de sua clínica anexado. Aquilo ficava marcado no inconsciente de cada paciente, que a indicava depois.

Imagine criar essa reciprocidade com todos que você contatar ao longo do dia?

Se é profissional liberal, providencie uma boa quantidade de brindes com seu nome e número do WhatsApp. Prestador de serviço? Faça um pouco a mais do que é pago para deixar seu contratante em débito com você e com a empresa que representa. Caso seja funcionário em outras áreas, seja proativo e tente enxergar maneiras de inovar dentro do seu setor para melhorar o trabalho de todos e se destacar.

Certa vez, fiz toda a restauração elétrica em uma casa. Ao final, a proprietária me pediu para que eu pendurasse dois quadros. Fiquei um tempo medindo o posicionamento ideal, fiz os furos na parede com cuidado e terminei o trabalho. Ela perguntou quanto deveria me pagar por essa tarefa extra, mas fui enfático:

— Agradeço, mas não vou aceitar receber nada além do combinado. Eu fiz só para ajudar. É uma cortesia por terem me dado a chance de trabalhar para vocês.

Algum tempo depois, essa família me indicou a um senhor que possuía mais ou menos 30 farmácias. Falou bem sobre o meu trabalho e sobre o resultado que entregava:

— Esse rapaz é muito bom. Você tem que fazer com ele a manutenção elétrica dos seus pontos comerciais.

Essa indicação trouxe para a minha empresa um contrato mensal para atender as trinta farmácias. Contratei até um funcionário para me ajudar e prosperei infinitamente mais do que se fosse escasso e tivesse cobrado pela colocação daqueles quadros. Aqui, devemos aprender sobre a importância da indicação espontânea, ela é um investimento enorme.

SEJA O MAIOR VENDEDOR DE SI MESMO

Se der um sorriso e um bom-dia àqueles que ocuparem o mesmo elevador, saiba que estará se vendendo positivamente – e isso vai favorecer fortemente o seu sucesso. Vender exige saber escutar. O outro sempre vai considerar o que acontece com ele mais importante do que aquilo que acontece com você... Poupe as pessoas que encontrar dos seus problemas, suas angústias e dores.

Caca um está pensando em si, em como ser feliz, prosperar, desenvolver-se, preocupando-se com a própria história. Então, vende bem quem fala menos e escuta com atenção e empatia, proporcionando uma experiência agradável, despertando no outro vontade de estar mais vezes do seu lado, além de conquistar credibilidade para suas palavras e ações.

Conscientize-se de que está se vendendo o tempo inteiro. Inclusive nas redes sociais e nos aplicativos, de acordo com o tipo de postagem que faz, curte ou compartilha. Aliás, já pensou em como você se mostra na internet? Antes de chegar para uma entrevista de emprego ou encontro com cliente, seu interlocutor já terá pesquisado quem é você pelas redes sociais. Tenha a mesma iniciativa.

É seu papel estudar previamente como é essa empresa, sua história, seus valores, visão e missão. Conhecer os produtos e serviços. Da mesma forma, procure previamente saber mais sobre o cliente: seus interesses, visão de mundo, trabalho, hobby, cidade natal, entre outros aspectos. Certamente causará boa impressão.

Fala-se tanto em meritocraria. Lute para obter merecimento vendendo melhor suas qualidades! Se há pessoas menos capacitadas e competentes que você passando na sua frente, é porque elas estão sabendo se vender melhor, com alegria no olhar, comunicando-se bem. Tudo é treino. Vender-se é treinável.

EXERCÍCIO

Vá para a frente do espelho e ensaie tudo que gostaria de expressar de

DECIDA VENCER | 145

positivo com seu corpo e palavras. Olhe nos seus olhos como se estivesse vendo alguém que quer impressionar.

A pessoa que se vende o tempo todo está causando uma experiência positiva aos outros. Ela pode elogiar sempre que possível, mostrar empatia, e não só simpatia, compreendendo o que o outro está sentindo, usando palavras de agradecimento e gentileza, colaborando numa emergência...

O mundo é feito de relações. Quais são as pessoas que você quer do seu lado por terem atitudes como as que eu acabei de mencionar? Se você for o chefe do seu setor, quem vai promover? Conhecimento técnico é importante, sim. Saber muito da sua área de atuação, idem. No entanto, nada disso adianta se você não souber se vender a clientes, chefes e colegas.

Você precisa ser o melhor vendedor de si mesmo para fazer mudanças significativas na sua vida. Agora, a sua entrega precisa ser tão boa quanto a sua venda.

A seguir, indico uma prece meditativa, que tem trazido retornos extraordinários para meus alunos. Faça-a três vezes, às segundas-feiras, ao acordar.

PRECE MEDITATIVA

Pai amado, invoco teu santo nome e oro em prol das minhas vendas diárias. Vender é uma atividade divina e sou meu melhor vendedor. Preciso da tua ajuda. Abre minha fronte, põe um sorriso em meus lábios, coloca teu amor em meus olhos, faz que eu centuplique meu valor e me venda em qualquer lugar que eu esteja. Todos à minha volta reconhecem meu valor e meus talentos. Confesso que já plantei, já batalhei, já me esforcei e, agora, preciso de uma bênção.

FAÇA UMA ENTREGA EXTRAORDINÁRIA (E NÃO ORDINÁRIA)

Dedique-se ao máximo como profissional, dispondo-se a aprender cada vez mais sobre sua área de atuação ao ponto de surpreender superiores, pares e clientes; mostre-se obstinado em melhorar seus resultados.

Se você estudar pelo menos uma hora por dia, vai elevar seus conhecimentos e mais rapidamente terá sucesso. Para quem se dedica de corpo e alma ao trabalho, procurando evoluir sempre na entrega, é impossível não prosperar.

EXERCÍCIO

Responda às questões a seguir, dando nota de zero a dez a si mesmo:

- Qual é a qualidade da sua entrega?

DECIDA VENCER | **147**

- Qual é o nível de satisfação que você gera nos clientes?
- Quão satisfeitos os seus subordinados estão por trabalhar para você?
- Quanto você surpreende os seus clientes?

O passo seguinte é assumir sua responsabilidade de chegar ao nível dez ou próximo disso.

Não podemos ser mesquinhos, trabalhar na vibração da escassez ou seguir a traiçoeira "lei do mínimo esforço". Pessoas com essa mentalidade não enriquecem.

Faça uma "pegadinha" com seu chefe. Experimente ser o primeiro a chegar para trabalhar. Prepare-se bem para as reuniões, dê ideias para otimizar o uso de um equipamento, proponha melhorias à sua área ou a qualquer outra ação que vá além da sua obrigação. Estude sobre os produtos e serviços da empresa na qual trabalha, evite utilizar redes sociais no trabalho, a não ser que sua função exija isso, seja proativo, companheiro, leal e sincero. Depois, observe a reação do seu entorno. É impossível você não se destacar.

A grande pergunta aqui é: você é um profissional **ordinário**, que precisa receber ordem para realizar as atividades, ou **extraordinário**, que não necessita de ordens para perceber o que deve ser feito, mostrando sempre iniciativa e vontade de surpreender?

Esteja disposto a assumir a responsabilidade de surpreender, fazendo uma entrega extraordinária, esforçando-se mais e despertando mentalmente o desejo da reciprocidade. O resultado será vitorioso.

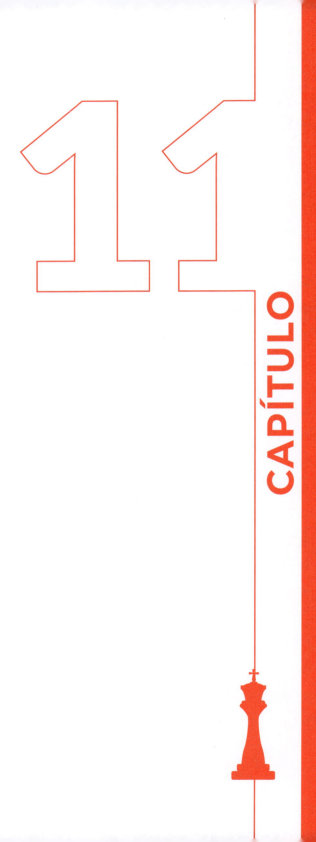

CAPÍTULO 11

NÃO ESPERE AS CONDIÇÕES PERFEITAS. É PRECISO NAVEGAR O TEMPO TODO

"O preguiçoso fica pobre, mas quem se esforça no trabalho enriquece."

(Provérbios 10:4)

A matéria, bem como tudo que existe no Universo, está o tempo todo em movimento. São milhões e milhões de anos de evolução. Assim como a realidade ao seu redor está sempre se transformando, em todos os lugares há alguém inventando, recriando, incrementando, e novas tecnologias estão sendo desenvolvidas.

Da mesma forma que o Universo, precisamos estar em movimento, sempre nos desenvolvendo. Posso dizer que a pessoa que não evolui nos relacionamentos, conhecimentos, modo de pensar e agir está aceitando ficar para trás, pois não existe estabilidade. Ou você está andando para a frente ou está ficando para trás. O que você escolhe?

Manter o movimento é fundamental em todas as áreas da vida, incluindo a profissional, a intelectual, a amorosa e a social. Para uma análise sincera, vale se perguntar:

- Qual é a transformação que estou fazendo dentro e fora de casa?
- Estou obtendo melhorias em quais aspectos?
- Busco e trago novidades à minha vida e à de quem me rodeia?
- Como posso me manter em desenvolvimento?

Com estas perguntas simples já é possível observar se você está se movimento na direção correta, a da melhor versão de você mesmo.

Tive alunos no PoderosaMente que acreditavam que seu casamento estava satisfatório e iam levando sem surpreender, sem aprimorar nem escutar o cônjuge. Diziam apenas: "Está tudo legal. Meu cônjuge me ama e estamos felizes". No entanto, não faziam nada para melhorar o que achavam bom, até que um dia ouviram do parceiro: "Eu não quero mais essa relação".

Ninguém está livre disso, mas quem mantém um constante espírito de renovação de amor fica, sem dúvida, mais seguro em relação ao relacionamento.

É assim também com a empregabilidade. Você gosta do emprego atual, trabalha todo dia feliz, mas o que está fazendo para melhorar? Seu trabalho não está garantido. No entanto, se continua se atualizando, dando ideias, enxergando novas perspectivas, reduz as chances de ser dispensado. Isso porque o mercado vem se adaptando às novas tecnologias e demandas da sociedade, exigindo com que você evolua constantemente.

Quantos empresários quebraram e funcionários ficaram desempregados por preguiça, teimosia, falta de visão, desatualização, enquanto o entorno foi se transformando? Se você não se adequar continuamente aos novos desejos e às necessidades dos clientes, vai quebrar. Simples assim. Pergunte-se, portanto:

DECIDA VENCER | **151**

- Estou me desenvolvendo, estudando novas formas de fazer meu trabalho?
- Estou buscando as inovações tecnológicas?
- Estou parado, esperando que algum negócio disruptivo chegue e acabe com o meu? Se sim, vou esperar quebrar para me movimentar?

Todos nós temos de nos movimentar no sentido de agregar novas qualidades, competências e habilidades. Movimento é ação e gera uma reação, conforme a Terceira Lei de Newton, escrita por um dos pais da ciência moderna. Significa que nós precisamos agir para que algo de novo aconteça, em vez de delegar ao acaso.

Se o relógio do Universo continua ativo e o tempo não perdoa a inércia nem espera a sua vontade, você só vai conseguir progredir se não parar de se desenvolver. Lembre-se de que as oportunidades estão fora da sua zona de conforto.

VÁ BUSCAR O SEU DINHEIRO LÁ FORA

Faça qualquer coisa, menos ficar em casa parado! Por exemplo, saia de trás do computador ou largue o celular e vá para a rua procurar novas oportunidades. Esteja atento. Visite amigos e feiras. Marque encontros. Conheça negócios parecidos com aquele no qual quer empreender. Vá a empresas na quais deseja trabalhar.

Está desempregado e não sabe por onde começar? Não tem ideia do que fazer fora de casa? Busque trabalho em uma instituição de caridade, mas não fique dentro da "toca" como um coelho assustado.

Imagine seus filhos pensando: *Coitadinho do meu pai/da minha mãe, que está desempregado(a) e fica em casa triste.* Imagine o cônjuge falando: "Coitadinho do meu amor, que não sabe mais o que fazer". Agora, imagine-os dizendo: "Está difícil arranjar emprego, mas pela manhã ele(a) sai para visitar empresas e deixar currículos; à tarde, faz trabalho voluntário em uma ONG; e à noite janta com a família e depois vai ler e estudar". Essa é a forma de um familiar ter orgulho até mesmo de quem está desempregado.

Imagine o marido ou a esposa vendo você desempregado, mas sem parar um minuto. Está disposto a isso? Ou prefere ficar em casa vendo TV e reclamando da vida? Se você seguir a receita que dei anteriormente, será inevitável prosperar. O que o impede de se levantar da cadeira e agir?

NA MINHA VIDA, SEMPRE QUE EU SAÍ DE CASA E FUI À LUTA, AS COISAS DERAM CERTO – E DE MANEIRAS SURPREENDENTES, MUITAS VEZES. QUANDO VOCÊ SE MOVIMENTA – E, DE ALGUMA FORMA, VAI ATRÁS DOS SONHOS –, O UNIVERSO CONSPIRA A SEU FAVOR, PORQUE VOCÊ SE COLOCA EM UMA POSIÇÃO FAVORÁVEL ÀS OPORTUNIDADES.

Em seu best-seller *O maior vendedor do mundo* (Record, 1978), OG Mandino diz a seguinte frase que levarei comigo para a vida toda: "Meus sonhos são insignificantes, meus planos são poeira, meus objetivos são impossíveis. Todos nada valem, a não ser seguidos por ação. Agirei agora".[22]

---

[22] MANDINO, OG. Pergaminho número nove. *O maior vendedor do mundo*. São Paulo: Círculo do Livro, 1968. p. 69.

MANTENHA A SUA ENERGIA
LÁ EM CIMA

Você quer fazer negocio com pessoas de alta energia ou de baixa energia? Você quer do seu lado pessoas com ou sem energia? Se quer ser bem-sucedido, você precisa de alto nível de energia para manter-se em movimento e gerar emoção. Vale gritar, pular e correr. A ideia é literalmente se mexer mesmo. Experimente dar vintes pulos gargalhando para ver como você eleva a sua energia e o seu humor.

Quando falo em manter a energia la em cima, estou me referindo ao componente psicológico que pode ser "provocado" pelo movimento que fazemos. Não fique esperando passivamente as coisas ou pessoas melhorarem em vez de buscar essa postura se movimentar.

OBSERVE COMO O SEU CORPO SE COMPORTA QUANDO VOCÊ NÃO ESTÁ BEM. Seu pensamento é diretamente impactado pelos movimentos do seu corpo.

NA DÚVIDA, AJA!

O perfeccionista, no fundo, está inseguro. Se você for um, para escapar dessa cilada, pense que as pessoas começam a dirigir dominando o básico. Se ficassem com o carro parado, girando o volante para um lado e para outro, seriam boas motoristas? Depois de algumas aulas teóricas e exercícios no simulador, tiveram de girar a chave, pisar no acelerador e sair do lugar. Com o tempo, foram acertando, ajustando, melhorando seu jeito de guiar.

CARRO PARADO NÃO SE DIRIGE SOZINHO.
É ILUSÃO QUERER CHEGAR
A ALGUM LUGAR
FICANDO ESTACIONADO.

É preciso estar se movimentando, mesmo que devagar, mas também não faz sentido sair em disparada nem atropelando as coisas e os outros. Ao dirigir com consciência, responsabilidade e disciplina, além de vontade de melhorar, quando acelerar, estará na direção certa. É a mesma lógica com a sua vida.

A pessoa que chega mais longe é geralmente aquela que está disposta a fazer ou ousar. O navegador covarde nunca vai muito longe da margem.

Você precisa perder o medo de se arriscar para que possa descobrir novos caminhos em sua vida. Certa dose de cautela é importante, mas jamais se permita paralisar a ponto de isso comprometer seu desenvolvimento.

PERCEBA QUE O RISCO PODE TRAZER MUITAS POSSIBILIDADES, E O MAIOR RISCO É NÃO CORRER RISCOS.
SUCESSO EXIGE COMEÇAR.

DECIDA VENCER | 155

Não o estou aconselhando a tomar atitudes impensadas em relação aos negócios e aos relacionamentos, mas, sim, a assumir o que muitos chamam de "riscos calculados". Endosso ser essencial analisar e examinar as consequências de seus atos, para poder tomar atitudes conscientes.

Apenas alerto que, se você ficar no mesmo lugar, fazendo as mesmas coisas sem nenhum movimento novo, dificilmente vai melhorar os resultados. Imagine que todo dia use o mesmo caminho para ir ao trabalho, vendo os mesmos lugares e pessoas. Se você variar, poderá ver paisagens diferentes e saber algo novo da sua cidade.

ANTES DE EXISTIR O IPHONE 11,
EXISTIU O IPHONE 1.
QUANTO MAIS CAMINHOS EXPLORAMOS, MAIS POSSIBILIDADES DESCOBRIMOS.

Pare um pouco e pense: você acredita que as situações que mais lhe trouxeram ensinamentos foram as fáceis ou as difíceis? Em geral, as fases difíceis deixam marcas doloridas, mas também trazem ensinamentos que contribuem para nossa evolução. Pesquise sobre a história de personalidades inspiradoras, como Steve Jobs e Silvio Santos, e veja o caminho que percorreram até atingir o sucesso.

Depois de descobrir a sua missão e o seu propósito, é preciso ir em busca deles, assumindo riscos, querendo aprender constantemente para se desenvolver. Aja com coragem, ousadia, persistência e resiliência, para não desanimar ou voltar atrás na primeira queda.

É longe da zona de conforto que as mudanças acontecem. Uma criança aprende a andar levantando e caindo várias vezes; e não será diferente por toda sua vida. O ser humano tende a estranhar situações novas, exigindo que se esforce para transpor o receio do "desconforto", para que alcance mudanças significativas.

A autoconfiança precisa de ação para ser construída. Se você se mantiver parado, acabará nunca acreditando no seu potencial. Então, dê o primeiro passo, de forma que você mesmo veja o quanto é capaz de vencer qualquer situação.

CADA PEQUENA VITÓRIA VAI MOTIVÁ-LO A ENCARAR O PRÓXIMO DESAFIO. PERMITA-SE ENTRAR EM CONTATO COM O NOVO E SE CONECTAR COM UMA NOVA VERSÃO DE SI MESMO.

No dia a dia, você descobrirá quais estímulos o deixam mais feliz ou mais triste. Novas experiências vão trazer novos estímulos; e você vai aprender a reagir a eles despertando interesses sobre novas situações das quais, talvez, nunca imaginasse gostar.

CAMINHE PARA OBTER NOVAS IDEIAS

Um estudo americano da Universidade de Stanford, publicado no *Experimental Journal of Psychology* em 2014, comprovou que existe uma conexão entre o aumento da criatividade (até 60%) e o ato de caminhar[23]. Eu mesmo, antes de saber disso, quando não sabia o que fazer, saía para dar ao menos uma volta no quarteirão e ia observando as casas, as pessoas e a natureza. Esse ato gerava em mim pensamentos criativos.

Conforme os pesquisadores avaliaram, o efeito foi instantâneo mesmo quando os participantes utilizaram uma esteira de ginástica, de frente para a parede branca, embora também tivessem andado pela faculdade e pela rua. A conclusão é que essa maneira de se movimentar faz a diferença para se ter novas ideias.

Há algum tempo, ensino essa técnica aos meus alunos do Poderosa-Mente e os resultados são surpreendentes. Por essa razão, não fiquei nem um pouco surpreso ao ler, em um artigo da agência de notícias *Bloomberg*[24], que personalidades como Barack Obama (ex-presidente dos Estados Unidos) e Mark Zuckerberg (criador do Facebook) aderiram aos *walking meetings*, fazendo encontros e reuniões caminhando.

DEFINA UM PLANO E INICIE; DEPOIS, MELHORE

Quando iniciei minha jornada, agia sem um planejamento mínimo. Até funcionava, mas gastava muita energia e tempo tentando e errando.

---

[23] Dados obtidos em: REYNOLDS, Gretchen. Caminhar pode aumentar a criatividade, diz estudo americano. *UOL*, 13 maio 2014. Disponível em: https://www.uol.com.br/universa/noticias/redacao/2014/05/13/caminhar-pode-aumentar-a-criatividade--diz-estudo-americano.htm. Acesso em: 22 fev. 2020.

[24] TALEV, Margaret; HYMOWITZ, Carol. Zuckerberg, Obama Channel Jobs in Search for Alone Time. *Bloomberg*, 29 abr. 2014. Disponível em: https://www.bloomberg.com/news/articles/2014-04-30/walking-is-the-new-sitting-for-decision-makers. Acesso em: 26 fev. 2020.

Aprendi na marra que deveria utilizar ferramentas que facilitassem e organizassem minhas ações, em um plano de ação.

Para atingir grandes resultados, crescer na vida, realizar metas e objetivos com efetividade, é necessário planejar uma sequência de passos e ter disciplina para cumpri-los.

Você tem dificuldades para organizar suas metas e objetivos? Com isso, se sente desnorteado e, invariavelmente, não consegue chegar a lugar nenhum? Quero ajudar você a passar desse círculo vicioso para um virtuoso criando um cronograma de ações viáveis, a fim de que estude mais detalhadamente as atividades que serão necessárias para chegar lá.

Nessa perspectiva em que separamos as etapas de preparação da realização das atividades, poupam-se tempo e energia com tantos tropeços por se ter iluminado o caminho. E gera-se o movimento a que me refiro neste capítulo.

Seu plano deve estar escrito, conter prazos e ficar acessível aos seus olhos diariamente. Encare-o como um "documento", um contrato consigo mesmo que precisa ser cumprido. De nada adianta fazê-lo se você procrastinar, ficar esperando as condições perfeitas para concretizar o que definiu.

Muitas vezes – digo isso por experiência própria –, colocar a mão na massa é tão importante quanto um planejamento bem-feito. O que não adianta é ficar planejando, planejando, planejando sem tomar nenhuma atitude mais concreta sob alegação de que quer atingir a perfeição, simplesmente porque ela não existe. Para ganhar agilidade, que é uma exigência dos tempos modernos, e impedir que sua ideia envelheça, elabore um planejamento básico e inicie por algum ponto, para poder mensurar quando (e se) terá o resultado desejado.

Ao perceber que está no caminho certo, vá planejando mais, agindo mais e medindo mais, a fim de fazer os incrementos e as alterações necessários. Muitas vezes, vale a pena esperar pelo momento certo, dependendo do objetivo e/ou de fatores envolvidos na sua ideia. Apenas não use isso como desculpa para cruzar os braços e não se arriscar. Somente com ação será possível transformar. É um movimento contínuo, como se você estivesse sempre avaliando e recomeçando de um patamar melhor do que antes.

Quantas startups fazem um protótipo[25] e começam a testá-lo no mercado? Elas vão progressivamente melhorando conforme a experiência e os feedbacks recebidos, até atingir maturidade para se lançarem em mercados maiores – e não perdem tempo com o que não apresenta bons resultados. No Grupo Volpato, lançamos produtos e serviços 70% prontos, em média. Daí, vamos trabalhando os últimos 30% com assertividade, baseados no que aprendemos com seus usuários dispostos a fornecer sugestões e recomendações.

FERRAMENTA 5W2H

Com este QR code, você terá acesso à ferramenta, bem como a exemplos de utilização.

Apesar de o nome ser estranho, esse instrumento é muito simples de entender e fácil de aplicar. Ele aproxima você de suas metas, não

---

[25] De acordo com informações de matéria veiculada no jornal *Diário do comércio*, protótipo é a "representação física de uma ideia em estágio inicial, [...] um jeito de comunicar de forma clara e objetiva o conceito de produto, serviço e modelo de negócio. Um passo essencial para acalmar investidores desconfiados" (RUFINO, Italo. Glossário do empreendedor: o que é protótipo. *Diário do comércio*, 10 ago. 2016. Disponível em: https://dcomercio.com.br/categoria/gestao/glossario-do--empreendedor-o-que-e-prototipo. Acesso em: 26 fev. 2020).

importando qual seja o seu objetivo, por oferecer uma das mais completas abordagens em termos de planejamento estratégico. O Japão foi o pioneiro no uso da ferramenta 5W2H, por isso especula-se que ela tenha surgido na indústria automobilística japonesa, quando profissionais estudavam qualidade total.

O objetivo da ferramenta 5W2H é organizar as ações e determinar o que fazer para alcançá-las, dividindo-as nas categorias motivo, responsável, modo, data e local, além de estimar quanto isso vai custar. Trata-se, portanto, de um guia que facilita o processo de avaliação, acompanhamento e garantia de que determinada atividade seja executada com clareza e excelência por todos os envolvidos. Para tanto, geralmente é feito uso de uma tabela ou planilha em que são dispostos os itens dessa metodologia, conforme exemplo a seguir.

WHAT (O que)	WHY (Por que)	WHERE (Onde)	WHEN (Quando)	WHO (Quem)	HOW (Como)	HOW MUCH (Quanto)
Criação de um novo website	Aumentar a geração de oportunidade comerciais	On-line	De 01/11/2015 a 15/11/2015	Pedro Campos	Contratação de agência especializada	R$ 4.500,00
Capacitação da equipe de atendimento	Reduzir o número de reclamações dos clientes	Campinas	10/11/2015	Equipe de Atendimento	Treinamento In-Company	R$ 9.000,00
Implantação de um sistema de Gestão Orçamentária	Melhorar a previsibilidade de resultados e reduzir riscos futuros	On-line	De 05/11/2015 a 10/11/2015	Camila Campos	Contratação de solução on-line especializada	R$ 399,00 mensais

META

	AÇÕES (What)	QUANDO (When)	ONDE (Where)	QUEM (Who)	POR QUE (Why)	COMO (How)	QUANTO (How much)	Realizado DATA
1								__/__/__
2								__/__/__
3								__/__/__
4								__/__/__
5								__/__/__
6								__/__/__
7								__/__/__
8								__/__/__
9								__/__/__
10								__/__/__

Além disso, compartilho esta meditação que deve ser utilizada sempre que você se sentir com dificuldade de agir.

O que quer que esteja me segurando, vai com a mesma força me soltar! O que quer que esteja me impedindo, me emperrando, vai com a mesma força me impulsionar! O que quer que esteja me paralisando, vai com a mesma força me movimentar! O que quer que esteja me limitando, me atrasando, me freando, me atrofiando, me cerceando, vai agora com a mesma força me fazer superar, me expandir, me libertar, me envolver, me engrandecer! O que quer que esteja me podando, me negando, me bloqueando, me imobilizando, vai com a mesma força me revelar, me fazer sobressair, me afirmar, me fazer prosseguir, me motivar! Estou livre dessas amarras, desse casulo, do gesso ou obstáculo! Estou livre para exercer tudo com plenitude!

12

CAPÍTULO

CRIE E VÁ ATRÁS! É VOCÊ QUEM FAZ AS OPORTUNIDADES

"Sejam fortes e corajosos; não se assustem nem tenham medo deles, pois é o Senhor, nosso Deus, quem irá com vocês. Ele não os deixará nem abandonará."

(Deuteronômio 31:6)

Quando eu falo em criar oportunidades me refiro, em primeiro lugar, a nos anteciparmos estando preparados e posicionados para as possibilidades. Exatamente a hora e o local em que elas vão chegar não sabemos ao certo, pois isso não está sob nosso controle. No entanto, podemos nos preparar, nos posicionar e ficar atentos a tudo e a todos – ações as quais estão em nossas mãos.

Quando escolho ler um livro, estudar, aprender um idioma, estou me antecipando, deixando a porta aberta para a boa oportunidade entrar. Só que essa preparação e esse posicionamento vão muito além disso.

CRIE O HÁBITO DE ESTAR PREPARADO E POSICIONADO O TEMPO INTEIRO.

Calcule todos os passos. Para se lembrar disso sempre, vale se inspirar nesta frase marcante do personagem mexicano da década de 1970, Chapolin Colorado, criado por Roberto Gómez Bolaños: "Todos os meus movimentos são friamente calculados". Eu adotei esse hábito e procuro estar um passo à frente em todas as situações da minha vida. E quero que você assuma o compromisso de fazer o mesmo. Veja os exemplos de situações simples a seguir:

- Procure ir ao banheiro antes de sair de casa e mantenha a bateria do celular carregada sempre. Se o seu organismo não é condicionado dentro do possível ou se você não gerencia a bateria do próprio celular, como será bem-sucedido?

- Use relógio, pois se alguém importante para seu *networking* (como o presidente do local em que trabalha) lhe perguntar as horas, você estará pronto para responder com toda a simpatia.

- Vai a uma entrevista de emprego? Estude detalhadamente, pela internet, a empresa em que você vai atuar e certamente terá mais desenvoltura no processo seletivo.

- Completou 18 anos? Tire sua habilitação para carro e moto, mesmo que você não tenha nenhum dos dois veículos; assim, estará preparado, caso surja uma vaga de trabalho que necessite estar habilitado para dirigir. Por incrível que pareça, muitas pessoas competentes não são contratadas por não possuírem CNH. Também já deixamos de promover outras por não estarem preparadas para dirigir.

- Você já tirou seu passaporte? Se sim, ele está válido? Mesmo não tendo uma viagem programada, o investimento é relativamente baixo e você estará preparado para alguma oportunidade em que tenha de viajar.

DECIDA VENCER | 167

- Busque o máximo de informações sobre um cliente especial antes de visitá-lo, a fim de puxar assuntos do interesse dele.
- Tenha uma reserva financeira para estar um passo à frente. Caso alguma oportunidade de negócio apareça, você estará preparado.
- Leia livros, faça cursos, fique ligado nas notícias relativas à sua área de atuação. E estude modelos de negócios que deram certo em alguma região e que ainda não estejam implementados na sua.
- Fique atento aos problemas da sociedade que precisam ser resolvidos, como os das áreas de transporte, saúde, educação, reciclagem de lixo e alimentação.

Naquilo que muita gente reclama pode estar a grande oportunidade de que você precisa para criar ou melhorar seu negócio.

Não só observe como pode se preparar para as oportunidades que a vida lhe trará, como faça valer a pena no momento em que elas chegarem.

Você procura estar bem informado sobre as estratégias da empresa em que trabalha para se antecipar dando ideias, de forma que sua criatividade seja percebida e isso favoreça uma promoção? Aproxima-se de pessoas que estão alcançando o mesmo tipo de realização que você busca ou que já chegaram lá, aprende com elas e recebe dicas para sua preparação? Afasta-se de quem tem comportamento, histórico e pensamentos que são o contrário do que você quer fazer e ser?

TENHA CLAREZA DO CAMINHO QUE QUER TRAÇAR

Quem não sabe exatamente o que quer nunca verá surgirem oportunidades, pois, em primeiro lugar, não sabe para o que se preparar. Lembre-se: sem estar preparado, não existe oportunidade.

Indivíduos bem-sucedidos acordam todas as manhãs já sabendo o que querem para a vida, clareza que os faz enxergar caminhos existentes e desbravar outros.

Vou dar a você um exemplo pessoal a respeito disso. Eu sonhava em criar uma imersão que potencializasse o meu propósito de impactar vidas. Para buscar experiências, participei das principais imersões em desenvolvimento humano do Brasil, mas mesmo assim me faltava algo. Então, busquei três imersões nos Estados Unidos, comandadas pelo escritor Tony Robbins, quando tive o prazer de conhecê-lo pessoalmente. Nesse terreno fértil, acabei ficando amigo de um brasileiro radicado no Japão; e da conversa com ele, nasceu a Imersão PoderosaMente, que vem impactando e transformando vidas. Nesse caso, eu me preparei primeiro para, então, cavar as oportunidades.

O sucesso é uma caminhada. Quando você passa por uma porta, já sente um gostinho de vitória, mas é apenas um gostinho. A única vantagem de passar pela primeira porta é que ela o levará a uma segunda e, depois, às seguintes. Você, então, vai se desenvolvendo e se transformando (assim como a sua vida).

CONTINUE CAMINHANDO, MESMO QUE
ALGUMAS PORTAS PAREÇAM
EMPERRADAS À PRIMEIRA VISTA.
Cada porta que abrir é uma nova chance de evoluir e prosperar.

PERCEBA QUE O "NÃO" NÃO MATA

O não é como uma porta emperrada, mas que nunca pode paralisar sua caminhada. Para que você entenda isso de maneira lúdica, faço uma brincadeira perguntando: você conhece algum caso de alguém que tenha morrido do coração? E já ouviu falar de alguém que morreu em decorrência de um câncer? E de alguém que morreu afogado ou em um acidente na estrada?

Imagino que a pelo menos uma dessas indagações você respondeu afirmativamente, por isso questiono: já ouviu falar de uma pessoa que morreu ouvindo um "não"? Exatamente! Por que temer algo que todos nós já temos? Se buscarmos oportunidades de avançar na vida, ganhamos a chance de ouvir o "sim".

SEMPRE VALE A PENA TENTAR ALGO,
MESMO QUE VOCÊ TENHA 99% DE
CHANCE NEGATIVA. O "NÃO" JÁ ESTÁ LÁ.
Preocupe-se em buscar o "sim".

Por mais que você receba várias negativas, um "sim" pode propiciar a virada da sua vida. A partir de agora, ofereça um produto buscando o "sim"; ao enviar um currículo, busque o "sim". E faça o mesmo se vislumbrar uma chance de promoção. Vai pedir alguém em casamento ou simplesmente pretende adicioná-lo em sua rede social? Certamente, com isso, estará buscando o "sim", pois o "não" você já tem – e ele nunca interessa a quem quer ser vitorioso.

E mais: criar oportunidades tem de ser um hábito diário e um abrir portas que nunca para – celebrando o crescimento gerado, a abundância conquistada e o risco vencido.

Em muitos casos, é preciso pedir ajuda a alguém com mais conhecimento, poder de influência e/ou experiência naquilo que você almeja. O que pode acontecer? Há chances de obter a seguinte resposta: "Adoraria ajudar, mas estou ocupado", o que não é agradável, mas superável e que não gera grandes traumas. "Claro, conte comigo no que eu poder ajudar" – se alguém lhe disser isso, será como uma porta abrindo para seu sucesso. Aproveite!

SÓ RECEBE O "SIM" QUEM NÃO TEM MEDO DO "NÃO".

Esse medo da reprovação, da rejeição, muitas vezes esconde pensamentos como: *Ah... o que será que vão dizer de mim?*

QUEM SE IMPORTA DEMAIS COM O QUE OS OUTROS PENSAM JAMAIS ENRIQUECE. QUANTAS OPORTUNIDADES VOCÊ PODE GANHAR E QUANTO VAI SE DESENVOLVER SE ALIVIAR O MEDO DA CRÍTICA E DO JULGAMENTO ALHEIO?

Se olhar para trás, você reconhecerá que tudo o que já conquistou em sua jornada é resultado de um "sim". Você nasceu porque, muito provavelmente, seus pais disseram essas três letras um ao outro. Se você está casado ou trabalhando hoje, é porque algum dia buscou o "sim". Então, perca o medo do "não" e vá atrás de seu sonho, desafiando-se a buscar e conquistar o "sim". Não tenha receio de ser feliz. Metaforicamente falando, não vá morrer com um "não" engasgado na garganta, sufocando sua vida toda. Você pode destravar seu caminho a partir dessa atitude simples: buscar o "sim". Se fizer isso, vai se acostumar a pedir, tentar, oferecer, vender(-se). Ao nosso redor, temos vários exemplos de pessoas que ouviram "não" por muitas vezes, até que alguém lhes disse um "sim". E isso foi sua glória!

Falemos sobre uma das maiores cadeias de fast-food do mundo, a Kentucky Fried Chicken (KFC). Sabe quantas vezes o seu fundador ouviu "não"? Esse número está documentado no site da empresa: 1.009 vezes, "até que, em 1952, [ele] conseguiu conquistar seu primeiro franqueado: um restaurante de estrada"[26] para sua receita secreta de frango frito, desenvolvida aos 40 anos, em 1930.

Esse resiliente empresário é o americano Harland David Sanders, mais conhecido como Coronel Sanders, que, segundo dados obtidos no site da empresa, "passou anos dirigindo e dormindo no carro enquanto tentava vender [sua] ideia". E valeu a pena! A paixão dele virou paixão mundial: só no mercado internacional, o KFC alcançou, em 2020, 23 mil restaurantes em 142 países, gerando US$ 27 bilhões anuais de receita. Para atrair o público jovem, um robô do Coronel

---

[26] Informações obtidas na versão brasileira do site da empresa KFC. Disponível em: https://www.kfcbrasil.com.br/sobre-o-kfc. Acesso em: 27 fev. 2020.

Sanders foi desenvolvido, operado por inteligência artificial, para "atender" aos clientes no *drive-thru*.[27]

APRIMORE SEUS PONTOS FORTES

Para criar oportunidades, identificar seus pontos fortes é essencial, e aprimorá-los é ainda mais importante, analisando quais são as melhores formas de explorar o que já está em suas mãos. Todo mundo tem talentos naturais para certas coisas.

Digamos que surja uma vaga de emprego ou promoção e você preencha 80% dos requisitos. Vai se apresentar, claro, prometendo a si mesmo e ao recrutador que consegue, com seus 80%, dar os resultados esperados e que vai trabalhar os outros 20% mais fracos para que os transforme em pontos fortes – ou, ao menos, vai cuidar para que não atrapalhem a sua performance. Esse tipo de confiança e comprometimento facilita ouvir um "sim".

Ciente de que um dos meus pontos fortes é vender, eu aproveitava todas as oportunidades que tinha para promover o meu negócio e conseguir novos clientes.

DESTAQUE-SE DA MULTIDÃO

Seja aquela pessoa diferenciada, que age e é percebida como especial por suas atitudes no dia a dia, mais do que por suas falas e opiniões. Você consegue isso fazendo o que os outros não costumam seguir

---

[27] Dados obtidos em: IWAKURA, Mariana. KFC volta às origens para conquistar as novas gerações. *Pequenas empresas & grandes negócios*, 10 fev. 2020. Disponível em: https://revistapegn.globo.com/Franquias/noticia/2020/02/kfc-volta-origens-para--conquistar-novas-geracoes.html. Acesso em: 27 fev. 2020.

como regra, e sim como exceção. Seja, portanto, o oposto da maioria das pessoas.

Se a multidão fica vendo série da TV, você vai ler um livro. Se a multidão sai para beber, você vai para um curso. Se a multidão fala mal do trabalho, você fala bem e dá sugestões. Se a multidão sofre da síndrome da segunda-feira, você ama esse dia da semana. Se a multidão está traindo, você é fiel. Se a multidão quer ir a festas, você quer cultuar Deus. Se a multidão quer celebrar no fim do ano, você quer planejar o próximo ano. Se a multidão quer comer doces e comidas gordurosas, você quer ter uma alimentação saudável. Se a multidão não respeita as regras de trânsito, você respeita.

Acordar cedo também é uma forma de se destacar na multidão (pois muitos gostam de sair tarde da cama), assim como planejar o dia, praticar exercícios regularmente, concluir tarefas antes do prazo, ter metas claras para nortear escolhas conscientes, deixar de reclamar e fazer fofoca, ajudar o próximo o ano inteiro, estudar continuamente e ser pontual.

A MULTIDÃO CONTINUA POBRE, ENQUANTO VOCÊ ENRIQUECE!

Fique sempre perto do poder, da autoridade local. Jamais se sente no fundo de uma sala de aula, porque, estando na frente, além de participar ativamente do tema, você cria uma ligação de sintonia e empatia com o professor – aquilo que os mestres da persuasão chamam de *rapport*. Se for a um seminário da sua área ou a um encontro de executivos, aproxime-se das pessoas que decidem, das que estão sendo bem-sucedidas em suas iniciativas.

PERCA O MEDO
DO DESCONHECIDO

Como expliquei anteriormente, é natural sentir medo do desconhecido. O nosso cérebro foi condicionado a sentir medo para nos proteger dos perigos, e isso acontece desde os primórdios da humanidade. É um instinto natural e nos mantém sempre alertas para os possíveis perigos do mundo.

Tendo consciência disso, você precisa enfrentar seus medos para que possa deixar travas de lado. Essa atitude exige afastar crenças como: "É melhor não tentar"; "Vou me dar mal"; "Não estou pronto ainda". Dessa forma, você não perde mais nenhuma chance de evoluir na sua vida pessoal, profissional e financeira.

Traçar um plano de ação ajuda a minimizar o medo e a ansiedade. Isso porque, como expliquei no capítulo anterior, você terá estudado cada passo e previsto alternativas para possíveis dificuldades e desafios. Pense em uma criança que ganha sua primeira bicicleta. Ela passa pela fase do medo, mas a enfrenta e vai ganhando autoconfiança, mesmo que rale o joelho nas primeiras tentativas. Quando ela faz 18 anos e quer aprender a dirigir, naturalmente sentirá um frio na barriga ao se sentar em frente ao volante. No entanto, à medida que estuda as regras e pratica direção, vai ganhando segurança.

EXERCÍCIO

Para poder avaliar "os fantasmas" que tanto teme, pense em algo que gostaria muito de realizar. Assim que surgirem pensamentos ligados aos seus medos, esclareça até que ponto eles são reais ou imaginários. Para tanto, faça-se perguntas como estas:

DECIDA VENCER | **175**

- Do que tenho medo exatamente?
- Isso que eu temo já aconteceu antes? Se sim, qual foi o resultado?
- Conheço pessoas que conseguiram? Se sim, o que elas fizeram que eu poderia fazer também?
- Qual é o tamanho do risco que corro se for em frente?
- O que pode ocorrer se eu tentar e não conseguir?
- E o que pode ocorrer se der certo (e eu perderei se não tentar)?
- Se outra pessoa estivesse no meu lugar, eu a incentivaria?
- Por que não eu?

Perguntas como essas clareiam a mente e o preparam para que você identifique os medos bons, aqueles que alertam para problemas (a fim de planejar alternativas de ação), e os ruins, que só bloqueiam o sucesso, elevando muros de separação que precisam ser derrubados. O melhor: descobrirá que não há motivos extremos para se preocupar e que valerá a pena abraçar aquela oportunidade por conta dos resultados que virão.

CAPÍTULO 13

AGORA É A HORA DO BASTA!

"Olhe firme para a frente, com toda a confiança; não abaixe a cabeça, envergonhado. Pense bem no que você vai fazer, e todos os seus planos darão certo. Evite o mal e caminhe sempre em frente; não se desvie nem um só passo do caminho certo."

(Provérbios 4:25-27)

Depois de cair na real, encontrar um propósito, traçar um plano de ação e começar a navegar na direção do seu objetivo, é bem comum que as dificuldades comecem a aparecer. Este capítulo tem o objetivo de ressaltar a importância de dar continuidade à sua ideia e de utilizar o tempo a seu favor, sem desanimar na jornada. Lembre-se de que você tem um caminho que decidiu seguir, do qual não há volta.

Só existe uma maneira de as coisas melhorarem: definindo com exatidão onde quer estar no futuro, sem titubear. E mesmo com tudo planejado, estudado para que corra riscos calculados, o futuro só se realizará a partir dos atos realizados no presente, colocando toda inteligência, determinação e fé na vitória.

Mesmo que a sua decisão o complique um pouco mais agora, é fundamental prosseguir para recomeçar de outro jeito, rumo a resultados melhores. O filme *Em busca da felicidade*, estrelado pelo ator Will Smith e inspirado na vida do empreendedor Chris Gardner, ilustra bem essa virada de chave. Na história, a situação do personagem principal piora consideravelmente antes de ele conseguir virar a chave e construir o sucesso. Decidiu parar de vender máquinas quase obsoletas a médicos e agarrou a oportunidade de estagiar por um mês, sem remuneração, em uma importante corretora para. depois, montar a própria empresa. Tudo que fez Chris Gardner, que palestrou no Brasil em 2017, não foi somente por ele, mas sobretudo pela família.

ESTABELEÇA SEU PONTO DE NÃO RETORNO

Com 16 anos, eu havia decidido ter uma vida próspera e abundante de qualquer maneira, junto com a família que iria formar. Desde então, acordava com determinação para minhas conquistas. Incentivo todos a fazerem o mesmo, destacando que a sua decisão precisa ser emotizada, ou seja, revestida de emoções que os movam para a frente, como as de quem parte para a guerra. Entregue-se de corpo e alma ao seu objetivo, usando a centelha divina que nasce de Deus e do Universo e está dentro de cada um, trazendo garra e determinação.

Há uma lenda[28] que diz que o conquistador Hernán Cortés, quando desembarcou em terras que hoje são mexicanas, teria dito a seus

---

[28] Você pode saber mais sobre a lenda dos navios queimados de Hernán Cortés em: FERRI, Pablo. Halladas das anclas en la zona en la que se buscan restos de los barcos de Hernán Cortés. *El País*, 17 dez. 2019. Disponível em: https://elpais.com/internacional/2019/12/17/la_serpiente_emplumada/1576539209_706758.html. Acesso em: 27 fev. 2020.

soldados que queimassem o único meio de transporte possível para o retrocesso. Isso significava que não haveria ponto de retorno: ou a tropa venceria a batalha contra os nativos e dominaria aquelas terras com coragem, ou morreria. Reduzir os navios a cinzas também era uma maneira de reforçar a si mesmo sua decisão de não voltar atrás.

Em meus treinamentos, introduzo a questão do ponto de não retorno utilizando essa metáfora dos navios queimados na praia.

É maravilhoso ter novos projetos de vida, mesmo sabendo que inevitavelmente você vai precisar abrir mão de algumas coisas para conquistar outras, incluindo os meios que o trouxeram até aqui. Experiências passadas, boas ou não, inexistirão no seu presente. Não as desmereça, e sim honre-as, pois você aprendeu com elas. Apenas desapegue, despeça-se delas e siga em frente para evoluir.

Várias são as passagens da Bíblia sobre a relevância da gratidão e de traçar um novo rumo para a vida, mas eu decidi destacar esta:

É claro, irmãos, que eu não penso que já consegui isso. Porém uma coisa eu faço: esqueço aquilo que fica para trás e avanço para o que está na minha frente. Corro direto para a linha de chegada a fim de conseguir o prêmio da vitória. Esse prêmio é a nova vida para a qual Deus me chamou por meio de Cristo Jesus.

(Filipenses 3:13-14)

"Esqueço aquilo que fica para trás", pode ser interpretado como o momento em que eu atinjo o ponto de não retorno, avançando para as coisas que estão diante de mim, seja em um cargo que ambiciono na empresa onde trabalho, seja com o hobby que eu adoraria transformar em negócio ou, então, a mudança de comportamento no meu casamento, por exemplo. O trecho "avanço para o que está na minha frente", por sua vez, refere-se ao fato de existir apenas um caminho a seguir, com um objetivo claro.

Não volte atrás em suas decisões, pois elas vão trazer a você prosperidade e felicidade. Siga adiante sabendo aonde quer chegar. Esse alvo deve ser descoberto, estudado e fortalecido.

VÁ PREPARADO PARA A GUERRA

Você também tem de estar preparado com responsabilidade para conquistar o novo. Ou seja, não cometa a loucura de pedir demissão daquele emprego insatisfatório sem que tenha estudado detalhadamente o objetivo a alcançar, de forma que se sinta fortalecido na sua decisão. É isso que realmente quer para sua vida?

Hoje em dia, é bem mais fácil se preparar. Você pode pesquisar e aprender o que quiser pela internet: há cursos on-line, vídeos no YouTube, blogs, tutoriais etc. E o custo dessa preparação tem sido bem menor. Com tantas formas de aprender, sendo várias gratuitas ou quase, por que tanta gente não aproveita? Simplesmente porque ainda não encontrou um propósito, aquilo que faça seus olhos brilharem.

Conforme eu já comentei, muitos de meus alunos do PoderosaMente[25] não gostam de estudar, pesquisar. Subitamente, porém,

---

[29] Para conhecer mais sobre a Imersão PoderosaMente® – Vencer Capacitação, acesse: www.poderosamente.com.br.

quando encontram aquilo que amam, tudo muda. Eles passam, então, a estudar mais e mais, sentindo prazer em aprender.

Para crescer na área em que atua ou fazer uma migração de carreira, você tem de se preparar. Meus alunos que estudaram o mercado no qual queriam atuar já sabiam o que mais brilhava os olhos (pois fariam até de graça!) e, portanto, sentiram-se preparados para "queimar os navios" com segurança, garra e determinação.

Para confirmar se você está no caminho correto, pergunte-se:

- Estou disposto a "queimar os navios" que me trouxeram até a minha realidade atual, de tal forma que não possa retroceder?
- Tenho ciência de que vou precisar arregaçar as mangas e trabalhar duro?
- Sei também que pode ser pior no início, mas será mais fácil depois?

O próximo passo é registrar a sua decisão.

QUANDO VOCÊ TOMA
UMA DECISÃO CONCRETA
VOCÊ AFIRMA PARA SI MESMO QUE
*AQUILO QUE VOCÊ DECIDIU
É AQUILO QUE VOCÊ VAI TER*

CASE DE VITÓRIA

UMA GRANDE VIRADA

Helena, uma das alunas do nosso curso PoderosaMente, estava com 46 anos e era casada há vinte e quatro. Em seu casamento, teve dois filhos, um menino de 18 anos e uma menina de 15 anos. Após se casar, Helena trancou a faculdade, se tornou dona de casa e teve seus dois filhos mais ou menos nessa época. Ela deixou seus sonhos de lado para viver o sonho da família, o sonho de seu marido. Não cuidava mais da própria saúde e, consequentemente, sua autoestima diminuiu e ganhou peso. Sua vida estava seguindo uma trajetória morna, sem grandes emoções até que o seu casamento entrou em crise e ela nos procurou para ajudá-la nesse processo de entendimento.

Em nosso curso, ela tomou consciência da vida que estava levando – que, até então, era normal para ela – e entendeu que jamais seria verdadeiramente feliz sem ter um propósito definido.

Retomar os seus sonhos deveria fazer parte de sua missão e partimos do princípio olhando para quais eram as atividades com as quais ela tinha mais afinidade. Ela nos contou que gostava muito de cozinhar e que tinha um certo talento para fazer feijoadas. Durante o processo da imersão, definiu como meta abrir um restaurante especializado em feijoada e fizemos a visualização de tudo o que ela precisaria: comprar ingredientes, cozinhar para muitas pessoas, administrar o seu negócio, receber fornecedores e ter um restaurante próspero.

Depois do curso, ela fez uma capacitação para ajudá-la no processo, estudou quais eram os recursos necessários e seguiu sua jornada em direção ao seu sonho. Um ano e três meses depois tivemos uma nova conversa com Helena e descobrimos que ela havia investido o seu tempo e o seu dinheiro para montar uma equipe especializada em feijoada para festas e eventos, com 8 funcionários até o momento da nossa conversa e faturando uma média de R$ 65 mil por mês. Hoje em dia, ela nos contou que está com a agenda lotada e uma fila de espera de até 3 meses para conseguir agendar o trabalho da sua equipe. Contou-nos também que o seu casamento teve uma grande reviravolta com essa mudança. Depois de olhar para si mesma, recuperou sua autoestima, começou a se movimentar em direção ao que realmente a fazia feliz e tudo se encaminhou para uma vida de sucesso. Ela sente que seu marido a admira, pois, primeiramente, ela passou a se admirar e a seguir seus próprios passos. Helena sempre foi uma guerreira, ela apenas havia se esquecido disso. Hoje é uma vitoriosa!

DECLARAÇÃO DA MINHA DECISÃO DE VENCER

Os principais atos da nossa vida são documentados e assinados. Faça o mesmo, de forma oral e escrita, no momento de registrar a sua decisão. Comece registrando data e local, seu nome completo e até CPF; em seguida, o que vai decidir. Encare com seriedade pois é um contrato que você faz consigo mesmo.

Escreva a sua decisão, no modelo a seguir. Depois de pronta, leia-a em voz alta e com convicção durante 21 dias, logo ao acordar de manhã, para reforçar que faça efeito. Nessa leitura diária, deposite sentimento, garra e energia para que sua voz tenha mais potência, ecoe no seu corpo todo e traga determinação, vontade de concretizar aquilo que você mesmo decidiu e escreveu.

A partir de agora, você está decretando tudo o que vai fazer para atingir um objetivo, e isso tem um poder enorme de transformação de vida, além de funcionar como um processo de autoaceitação e automotivação. É didático ter isso por escrito, porque, acima de tudo, você declara que não vai culpar mais ninguém por seus resultados, pela sua infelicidade ou felicidade.

Esse documento pode ter testemunhas, escolhidas entre as pessoas próximas de você, para ajudar na decisão de prosseguir para o alvo. Peça que assinem também. Não tenha vergonha disso. Explique que é para deixar claro e notório aquilo que você quer. É importante obter o apoio da família, porque a vitória começa dentro de casa.

Exemplo 1:

- **Decido a partir de agora que:** *até 31/12/2025 me formarei em Direito na USP.*
- **Eu assumo para tanto o compromisso de:** *estudar quatro horas por dia até que eu passe no vestibular, depois concluir todo curso com empenho e dedicação.*
- **Agindo dessa forma colherei os seguintes resultados:** *serei um advogado com reconhecimento nacional no âmbito do direito civil.*

Exemplo 2:

- **Decido a partir de agora que:** *vou definitivamente parar de fumar.*
- **Eu assumo para tanto o compromisso de:** *buscar ajuda médica e fazer o tratamento que for necessário; me esforçar ao máximo com fé e determinação.*
- **Agindo dessa forma colherei os seguintes resultados:** *terei uma vida mais saudável ao lado das pessoas que amo, evitarei todas as doenças e males causados pelo cigarro, orgulharei as pessoas a minha volta e terei fôlego para praticar atividades físicas.*

DECISÃO

_____, _____ de _____ de _____.
Cidade — *dia* — *mês* — *ano*

Eu, _____,
inscrito sob o CPF _____.

Decido que a partir de agora:

_____
_____
_____.

Eu assumo para tanto o compromisso de:

_____
_____
_____.

Agindo dessa forma colherei os seguintes resultados:

_____
_____
_____.

Assinaturas:

_____ _____
Nome e sobrenome — Testemunha

QR code modelo em branco

CASE DE VITÓRIA

UM PASSADO SUPERADO

Rafael, de 33 anos, fazia uso de drogas, o que abalou seu casamento de sete anos com Amanda, de 31. Uma colega da mulher indicou que levasse o marido à nossa Imersão PoderosaMente, de onde ele saiu motivado a iniciar o tratamento médico. O rapaz se recuperava muito bem, até que, passados nove meses, retrocedeu.

Amanda contatou minha equipe e agendou sessões de coaching comigo. Recebi o casal três vezes, quando descobri que, durante o período afastado do vício, ele era chamado de drogado e viciado por ela sempre que tinham alguma discussão. Ou seja, mesmo com a mudança de comportamento do marido, a esposa fazia questão de tocar na ferida, sem se dar conta de que era a memória viva do passado negativo dele.

De alguma forma, isso o influenciou a voltar a se drogar. Na terceira e última sessão de coaching, fizemos um pacto com Amanda e Rafael: ela jamais mencionaria esse passado do marido; ele procuraria tratamento médico para se libertar do vício. Recentemente, eu soube que Rafael nunca mais consumiu drogas, ajudado pela esposa, e que os dois tiveram um filho.

USE O TEMPO
A SEU FAVOR

O tempo é como o vento, que pode apagar o fogo ou intensificá-lo, provocando um incêndio muito maior. Entender essa analogia é de suma importância, por mostrar que a ação do tempo pode ser positiva ou negativa de acordo com as nossas decisões e atitudes, estando focados no que almejamos lá na frente.

É nosso papel fazer o correto para que ele sopre na direção correta também. Quem decide praticar uma atividade física regularmente está fazendo a sua parte para que o tempo faça a dele. E quanto mais se dedicar, melhor condicionamento físico e melhor saúde terá. Só não pode voltar atrás por preguiça ou qualquer outra desculpa.

EMPREENDER É UM MODO
CONSTANTE DE PENSAR

Empreender é uma atitude diretamente ligada a estar sempre pensando em alguma maneira de trabalhar para si ou para outrem, resolvendo um problema de alguém – dessa forma, crescemos e geramos prosperidade. Encontrou um propósito naquilo com que sonhou? Para agir com equilíbrio e ser pleno de modo a alcançar felicidade com as soluções que oferece, observe que esse propósito precisa estar alinhado aos seus valores.

EU ACREDITO NO EMPREENDEDORISMO SUSTENTÁVEL: TEM QUE SER BOM PARA MIM (ALINHADO COM O QUE EU AMO FAZER), PARA ALGUÉM (GERANDO ALGUM BENEFÍCIO CONCRETO) E PARA O TODO (PRESERVANDO A NATUREZA E O PLANETA). DAÍ, VOU PERSISTIR.

Persistência não é teimosia. Se você chega a uma solução sustentável e a transforma em dinheiro, consegue um feito maravilhoso: que é passar de vendedor de horas a vendedor de soluções. E, acredite, o Universo começa a conspirar a seu favor. Pessoas querem colaborar com seus projetos, os recursos necessários aparecem... porque seu coração está fazendo aquilo que é bom para si, para o próximo e para o próprio Universo, então é natural que usufrua das mais poderosas energias.

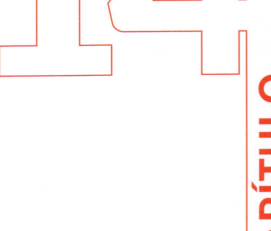

CAPÍTULO

14

EMPREENDENDO SEU SONHO E ALCANÇANDO SUCESSO COM A LÓGICA DA RÉPLICA

"E as sementes que foram semeadas em terra boa são aquelas pessoas que ouvem, e entendem a mensagem, e produzem uma grande colheita: umas, cem; outras, sessenta; e ainda outras, trinta vezes mais do que foi semeado."

(Mateus 13:23)

Por decidir, de dentro para fora, trabalhar naquilo que harmoniza com seus sonhos, valores, propósito, o seu empreender já é diferente. Com simplicidade, determinação e fé, os resultados são diferentes também. Você agora sabe que precisa empreender primeiro consigo mesmo, ao encontrar uma solução para si, para alguém e para o todo. Para isso, está se conhecendo melhor e reconhecendo-se como capaz de mudar, sem olhar para trás.

Empreender com sucesso, em um negócio próprio ou sendo proativo como funcionário de uma empresa já estabelecida, é uma decisão mais abrangente do que simplesmente seguir cinco ou dez passos. É ser protagonista da própria história onde que que esteja. Se encara a chance de produzir riqueza de forma positiva, movimenta uma energia que o faz desenvolver. É a forma mais sustentável que eu conheço de ganhar dinheiro. Claro, há quem acumule capital de outras maneiras, principalmente ilícitas, mas não se esqueça de que existe a "lei do retorno", e dela ninguém escapa!

Não se enganem: ninguém zomba de Deus. O que uma pessoa plantar, é isso mesmo que colherá.

(Gálatas 6:7)

AVALIE O POTENCIAL DE ESCALAR A SUA SOLUÇÃO

Se você vende oito horas de trabalho, não tem como ganhar mais, pois o que oferece é esse período. Então, chegamos à seguinte conclusão: trabalhos que dependem de mão de obra remunerada por horário trabalhado, logicamente, têm valor limitado em relação a outro escalável.

Para exemplificar, alguém que trabalha para um colégio lecionando cinco horas por dia recebe um valor por esse período, independentemente do número de alunos pagantes. Já outro que cria um curso e o vende pela internet tem a chance de atingir um número paraticamente infinito de pessoas se o conteúdo resolver um problema latente. E esse curso terá escala se ficar disponível 24 horas para quem quiser comparar.

Por essa razão, terminei o capítulo anterior indicando que você, se chega a uma solução sustentável e a transforma em dinheiro, consegue um feito maravilhoso: passar de vendedor de horas a vendedor de soluções. Em outras palavras, pode escolher trabalhar sendo pago por horas, se o que faz o deixa feliz, ou pode migrar de carreira para empreender por conta própria, tendo maior liberdade de escalar a sua solução de todas as maneiras possíveis.

Qualquer atividade que gere cada vez mais consumidores interessados em pagar por ela, independentemente de estar fisicamente trabalhando ou não, é o que eu chamo de trabalho escalável. Por exemplo, desenvolver softwares ou aplicativos.

QUEM QUER AUMENTAR SEUS RENDIMENTOS, INEVITAVELMENTE, TEM QUE SE DECIDIR POR UM TRABALHO EM QUE POSSA REPLICAR OU DAR ESCALA

"Como posso ganhar mais dinheiro no trabalho em que estou?" A resposta a essa pergunta abrange algumas possibilidades, como promoção, dissídio, aumento de salário, comissão pela venda de um produto e bônus anual pelo resultado. No final das contas, o salário continua limitado ao número de horas que se consegue trabalhar. Isso não significa que é um trabalho ruim ou que faz você infeliz, mas, sim, que não é uma solução escalável.

Se não quiser empreender por conta própria, pense em soluções dentro da sua empresa que gerarão crescimento pessoal e profissional. Esta avaliação também faz parte de escalar uma solução em sua vida, mesmo que no local no qual já trabalha. Alguns exemplos estão em posições de gerência ou diretoria, quando terá maior autonomia para criar estratégias propícias a escalar produtos e serviços.

Além disso, profissionais nesses cargos vêm deixando de "bater ponto", sendo remunerados, em especial, pelos resultados. Então, seu salário não depende necessariamente da carga horária trabalhada, e sim do que eles agregam para o crescimento dos negócios e dos problemas que resolvem, mesmo não estando fisicamente na empresa.

EXERCÍCIO

Deseja ter um negócio próprio, mas não neste momento? Procure agir como empresário sendo funcionário. Falo aos meus alunos que, muito antes de dar esse passo importante, eles podem agir como donos dentro da empresa em que trabalham. Imagine você exercitar sua capacidade de empreender, podendo fazer isso no seu emprego atual. Como? Ué, se você quer ser empresário, precisa pensar como tal. Comece analisando:

- Como veria a empresa em que você trabalha hoje, se fosse dono dela?
- O que você pode fazer para que ela venda mais?
- O que pode ser aprimorado nos produtos e serviços?
- Quais colaboradores você manteria e quais substituiria?
- Qual postura você teria como dono?

Veja bem, se você não consegue pensar como empresário estando no emprego atual, como espera que dê certo quando sair para empreender por conta própria? Treine-se, portanto, para agir como se fosse o dono, preocupando-se com a sustentabilidade financeira da empresa, zelando pelo ambiente de trabalho, estudando formas de melhorar as soluções oferecidas, colaborando para que sua mesa esteja sempre limpa e organizada. Enfim, ocupando-se mais com o que é importante e menos com o que é trivial.

FAÇA UMA RESERVA PARA BANCAR SUA MUDANÇA

Criar o hábito de estar um passo à frente será decisivo para obter sucesso como empreendedor. Você precisa se antecipar às situações – por exemplo, fazendo uma reserva financeira para que possa se movimentar com mais liberdade e autonomia. Sem ter economizado para os meses de recursos limitados, dificilmente vai conseguir montar um negócio, migrar de carreira ou mesmo sair de um emprego infeliz para conquistar outro melhor.

Então, adquira o hábito de economizar. Mesmo assim, para empreender em um negócio ou migrar de carreira, talvez você precise pedir dinheiro emprestado a alguém, despertar o interesse de um investidor ou buscar financiamento em banco. Sinceramente, você emprestaria dinheiro a quem não tem o hábito de economizar?

A grande maioria dos investidores que eu conheço investe em pessoas que:

- São honestas e têm valores e princípios;
- Têm um histórico positivo de seus trabalhos anteriores;
- Sabem aonde querem chegar com riqueza de detalhes;
- Oferecem um produto ou serviço com viabilidade econômica;
- Têm um plano de ação detalhado;
- Proporcionam um retorno financeiro interessante.

Trabalhe com algo que harmoniza com seus valores e princípios. Prepare um plano de ação que vai ser melhorado conforme recebe feedback de clientes. Aja estando um passo à frente, atento a toda e qualquer oportunidade de elevar os resultados.

PERGUNTE TUDO QUE VOCÊ PRECISA SABER

"Afinal de contas, o que é preciso saber para vencer? Como eu sei o que é necessário para isso?"

Depois de tomar conhecimento do meu método para ter uma vida próspera e das minhas experiências como empreendedor raiz que decidiu vencer (e conseguiu), pode ser que você me faça essas duas perguntas. Eu as respondo: da maneira mais simples possível, crie coragem e questione-se: "O que eu preciso para atingir o meu objetivo?".

Se quer crescer na empresa que trabalha, que tal aproximar-se do seu chefe ou do RH e perguntar "o que eu preciso saber para poder ocupar tal cargo?". Se esse é o seu desejo, corra atrás dele! Pode parecer bobagem, mas em nossa empresa quando alguém vai até o RH e pergunta isso, eu percebo que o meu pessoal se surpreende.

Essa mesma realidade ocorre em outras empresas, simplesmente porque é incomum as pessoas terem essa iniciativa. O provável motivo: medo! As pessoas querem ser promovidas, querem ocupar outras funções, porém, sem manifestar o seu desejo, sem questionar exatamente o que precisa para serem promovidas, sem declarar que estão decididas a serem vitoriosas.

AS PESSOAS FICAM IMAGINANDO QUE AS COISAS SÃO COMPLEXAS, MAS ELAS SÃO SIMPLES; PORÉM, DESAFIADORAS. OUVIR O QUE PRECISA FAZER PARA TER SUCESSO SERÁ FÁCIL. DESAFIADOR VAI SER ESTUDAR E SE PREPARAR PARA TAL.

Suponhamos que você queira montar uma cafeteria. Obviamente, vai estudar como funcionam as cafeterias existentes na sua região de interesse, fará visitas, pesquisará em sites de imóveis o valor da locação de um imóvel adequado para esse fim, vai se matricular em treinamentos no Serviço Brasileiro de Apoio às Micro e Pequenas Empresas (Sebrae). Sua pergunta principal deverá, então, ser a seguinte: "O que eu preciso saber para montar a minha cafeteria?".

É importante que você faça isso mesmo sem ainda ter o valor necessário para abrir a sua cafeteria. E a razão é simples: cada vez que vive esse sonho, está dizendo ao inconsciente o que você quer. Quando começa a buscar informações sobre cafeterias na internet, está reforçando inconscientemente: "Esse é meu sonho". Quando passa a visitar cafeterias e fica imaginando como será o seu negócio, está decretando ao inconsciente: "É isso que eu quero".

EDUARDO VOLPATO

Muitos empreendedores que fizeram história, como Walt Disney[30], já tinham o seu negócio na cabeça antes de cimentarem o primeiro tijolo, e é assim que vai funcionar com você. E quanto mais clareza de detalhes tiver em mente, melhor!

Caso você esteja em um emprego e pretenda sair dele para empreender em uma cafeteria, por exemplo, eu oriento a continuar mais um pouco na condição atual enquanto economiza dinheiro. Em paralelo, vá imaginando o seu futuro empreendimento. O Universo conspira a favor de quem sabe aonde quer chegar e trabalha duro para atingir seu objetivo.

A vitória também vem para quem decide crescer no próprio emprego. Quando uma empresa vê um colaborador se esforçando, estudando, se preparando para uma possível promoção, vai valorizá-lo. Eu sou empresário há duas décadas e meia e tenho contato com os principais empresários do Brasil, então posso garantir que precisamos de colaboradores engajados querendo crescer junto conosco.

A empresa, portanto, está do seu lado, o Universo está do seu lado, mas você tem de fazer a sua parte. Se quer ganhar mais, se quer ser promovido, precisa se preparar, pagar o preço. E pode ter certeza de que todos os que estão querendo se preparar vão encontrar o seu lugar de destaque – e mais do que merecido.

O enriquecimento vem da capacidade humana de crescer criando diferenciais para evoluir, nunca para puxar o freio e se acomodar na mesmice. Você já ouviu falar de pessoas que concluíram só o primeiro

---

[30] Walt Disney levava as filhas a parques de diversão e sempre pensou que seria interessante montar um parque que divertisse toda a família. Saiba mais sobre como nasceu a ideia de criar o que se tornou um império em: A história da Disneyland. *Parques de Orlando*, 17 jul. 2016. Disponível em: http://parquesdeorlando.com.br/a-historia-da-disneyland/. Acesso em: 27 fev. 2020.

grau na escola e venderam tanto que ficaram ricas? Por quê? Por causa do seu desejo ardente; e elas não se sabotam.

PARA ENRIQUECER, É PRECISO ELIMINAR DE VEZ A REJEIÇÃO AO TRABALHO E MANTER O DESEJO DE CRESCER CONTINUAMENTE.

Você sempre vai crescer se divulgar o seu produto ou serviço usando os meios que já existem hoje de uma forma clara e eficiente, transmitindo uma mensagem de energia, amor e alegria de fazer o bem ao próximo. Não haverá limite de pedidos se fizer isso com amor, preocupando-se com os mínimos detalhes. Por exemplo, nas fotos que posta nas redes sociais ou exibe no site do seu negócio, em um vídeo explicativo, mostre a satisfação, a alegria e o amor que estão agregados a esse produto.

Na minha visão, se não tiver essa mensagem de amor, é melhor nem fazer nada, porque será perda de tempo e de dinheiro. Aproveite todos os meios de divulgação, como Instagram, Facebook e Google, à disposição de todos.

O que vende é realmente a melhor solução para si, para o outro e para a natureza. Concentre-se em fazer a sua parte muito bem-feita; assim, será impossível não ser vitorioso. Crescer é a essência do Universo!

CONCLUSÃO

CONSIDERE-SE VITORIOSO!

"Não te deixes vencer pelo mal,

mas vence o mal com o bem."

(Romanos 12:21)

Em uma cidadezinha do interior do Brasil, com uma praça central, igreja matriz na frente e prefeitura de um lado, um grande empório do outro, a paz parece reinar. Todos se conhecem, há poucos carros circulando, e logo que se sai das ruas centrais já é possível ver carroças carregadas de cana de açúcar, puxadas por bois, percorrendo ruas de chão batido, sem calçamento.

Na praça central da cidade é muito comum senhores se reunirem para jogar cartas, passando praticamente o dia inteiro em mesas colocadas debaixo de grandes e lindas figueiras. São aposentados em sua maioria e alguns desempregados, que ficam ali, sem esperança, reclamando do governo e do que recebem da previdência social, que mal dá para comparar comida e remédios.

Enfim, esses senhores passam o tempo remoendo uma vida de trabalho árduo e sofrimento; e, claro, falando mal dos outros moradores de lá:

— Viu a filha do fulano com o filho do beltrano? Que absurdo!

— Lá vai o João, parecendo um bobo da corte.

— Esse João, sempre rindo à toa...

João é alvo constante de críticas e fofocas, principalmente por ser diferente. Ele não fala mal de ninguém, está sempre contente, com um sorriso no rosto e disposto a ajudar, como se todo dia fosse o melhor dia da vida dele.

Certa vez, um desses senhores mais rabugentos encontrou João no empório da cidade e puxou papo:

— João, eu te conheço faz vinte e cinco anos e você está sempre de bem com a vida, sorrindo e fazendo planos, viajando com a esposa. Ajuda todo mundo à sua volta. Por mais que tenha dificuldades, você nunca desanima. Como faz para estar sempre alegre?

— Amigo, uns trinta anos atrás, eu fumava e bebia e queria muito parar, me livrar de todos os vícios. Tentava, tentava e não conseguia. Foi então que minha esposa, Judith, me levou até um sábio ancião chamado Julius Osidius, que ajudou a fundar esta cidade. Ele me ensinou uma fórmula secreta e mágica para controlar impulsos negativos, vícios, irritações, preguiça etc. Uso essa fórmula também para reforçar tudo que há de magnífico neste mundo!

— Que fórmula é essa? Você me ensina? — pediu o senhor, muito interessado.

— Simples! Sempre que eu ficava tentado a fazer algo que me prejudicasse, como fumar, pegava o cigarro na mão e dizia a mim mesmo: "Só por hoje não vou fumar". Quando era *tentado a beber, dizia: "Só por hoje não vou beber". Se sentia tristeza, repetia a mim mesmo: "Só por hoje vou ser feliz". Com esse método simples, eu fui vencendo as adversidades, dizendo: "Só por hoje vou ser positivo. Só por hoje vou estudar. Só por hoje vou rir".*

Só por hoje, amigo, amiga. Se for analisar, o único dia em que realmente está no comando é hoje! Então, acorde todos os dias se amando e acreditando que hoje será o melhor dia da sua vida. Sim, hoje é o melhor dia da sua vida! Dessa maneira, você irá além, só de comandar o eterno instante presente, que fica entre o passado e o futuro.

A cada momento, também demonstre seu amor àqueles que ama e tenha certeza de que, aplicando os conhecimentos deste livro, você estará oferecendo o seu melhor a eles. Sim, valeu a pena pagar o preço! Você descobriu que tem todos os recursos necessários para realizar os sonhos da sua vida. Porque a sua vitória depende da sua decisão.

Nas inevitáveis ocasiões em que se sentir tentado a desanimar, diga a si mesmo: "Só por este instante eu vou ser feliz". Sendo feliz a cada instante, será feliz pela vida inteira!

PRIMEIRO VOCÊ
PRECISA SER FELIZ
PARA DEPOIS
TER SUCESSO!

PRECE MEDITATIVA

Compartilho essa prece poderosa que tem ajudado muito meus alunos, o ideal é faze-la todo dia, ao acordar e antes de dormir.

Sei que o Universo quer o meu bem hoje e sempre, e que Deus me apoia de todas as maneiras. Então, eu profetizo riqueza, saúde e sucesso em doses diárias na minha vida e na daqueles que me rodeiam.

Porque eu acredito que todos nós somos capazes de encontrar o caminho da prosperidade, sem ferirmos uns aos outros. Mas, sim, pelos olhos do amor e da transformação rumo a um futuro de abundante harmonia.

Que essas sementes de pensamento construtivo germinem do modo correto, trazendo uma colheita extraordinária logo ali na frente. Eu sou o jardineiro que, sob a luz divina do Universo, cuida do solo para que permaneça fértil e traga os melhores frutos. Esse solo é um presente de Deus, assim como tudo o que eu sou, recebo e, em retribuição, compartilho com o próximo.

Eu sigo cultivando em meu subconsciente essas sementes, que vou alimentando com a minha vontade de vencer, guiando-me pelo objetivo de contribuir com a humanidade. Legitimo meu desejo e minha decisão de desenvolver meus talentos nesta vida, contagiando a todos com esse mesmo propósito de semear e colher excelentes frutos, em comunhão aos meus.

Todos os bons pensamentos que eu depositar no subconsciente não ficarão visíveis, mas os resultados, sim, bem como como as sementes germinam sileciosamente, na escuridão do subterrâneo. Controlarei a ansiedade, pois a colheita virá, esplendorosa, porque eu estou regando o solo com atitude, coragem e fé.

Surgirão os primeiros galhos na forma de um evento surpreendente ou mensagem divina. É essa fonte de crescimento que sustentará a minha prosperidade. Crescer é a essência do Universo, que doa sua inteligência infinita para iluminar meus passos e espalhar luz.

Conecto minha mente a todas as energias positivas, verdadeiras, justas e prazerosas, fazendo com que o poder de Deus se irradie sobre os meus sentimentos, gestos e pensamentos de bondade.

Estou em paz, porque sei que o Universo quer o meu bem hoje e sempre, então ele quer que eu seja próspero.

ANOTAÇÕES

META

	AÇÕES (What)	QUANDO (When)	ONDE (Where)	QUEM (Who)	POR QUE (Why)	COMO (How)	QUANTO (How much)	Realizado DATA
1								__/__/__
2								__/__/__
3								__/__/__
4								__/__/__
5								__/__/__
6								__/__/__
7								__/__/__
8								__/__/__
9								__/__/__
10								__/__/__

Este livro foi impresso
pela Gráfica Eskenazi
em papel offset 90g
em julho de 2020.